윈드서핑

양명환 · 김덕진

제주대학교 출판부
JEJU NATIONAL UNIVERSITY PRESS

머릿말

윈드서핑은 해양레저 스포츠영역 중에서 심리적 웰빙(psychological well-being)에 기여하는 자연 스포츠(ecosport)로서 자연과 조화롭게 순응하면서 도전의식, 즐거움 및 자기표현 의식을 극대화시켜주는 대표적인 자기목적적 활동(autotelic activity)이다. 해양스포츠의 꽃으로 평가되는 윈드서핑은 신체적 건강과 체력 향상의 신체적 기능, 정신력의 원천을 재생하고, 왕성한 활동력을 갖게 하는 심리적 기능, 인간관계의 조화적 기술과 태도를 숙달시키는 사회적 기능, 독특한 하위문화 창조의 기능, 잠재능력의 표현에 기여하는 자아실현의 기능 등 인간의 삶의 질과 웰빙 향상에 중요한 역할을 할 수 있다.

윈드서핑의 긍정적 기능으로서는 신체적 기능, 심리적 기능, 교육적 기능, 사회적 기능 및 문화적 기능으로 대별할 수 있다.

신체적 기능은 고도의 산업구조, 빈틈없는 조직적 집단체계, 단조로운 기계적 노동의 연속은 현대인들에게 정신적, 신체적 피로와 긴장을 축적시키고 있는데, 윈드서핑 여가스포츠는 이러한 피로를 풀고 생명력을 순화시켜 다시 일할 수 있는 힘을 회복시키는 생리적 기능을 제공할 수 있다. 특히 근력, 근지구력, 조정력, 평형감각, 유연성 등의 체력요소가 다양하게 요구되고 운동부하가 전신에 작용함으로써 신체적 운동의 효과가 크다.

심리적 기능으로서 윈드서핑은 쾌락적 즐거움, 감정호전현상(feel better phenomenon), 성취동기 등을 고양시킴으로서 정신적 긴장을 해소시키는 정화의 기능을 제공하고 노동에서 오는 권태감이나 지루함을 해소시키는데 효과적이다. 특히 기계문명의 팽배에 따른 인간의 피지배현상으로부터 자아를 탈출시켜 인간성의 해방 가능성을 제고시켜주며, 자아실현의 조건을 제공하는데도 중요한 역할을 한다.

사회적 기능으로서 윈드서핑은 사회적 가치나 유형의 인식, 타인의 권리와 즐거움에 대한 이해를 높여주며, 사회적 접촉을 통하여 사회구성원 또는 동호인으로서의 자신의 역할을 인식하고, 상대방의 존재를 인정하며, 단체정신을 함양하는 등 공동체적 일원으로 존재의식을 자각하도록 하는 기능을 제공한다.

　이 책은 윈드서핑의 기초이론과 기술을 터득하는데 도움을 주기 위한 목적으로 만들어진 전문서적이다. 이 책은 13개의 장과 부록으로 구성되어 있다. 제1장은 윈드서핑의 개요에 대하여 자세하게 설명하고 있으며, 제2장은 윈드서핑의 매력과 가치에 대하여 기술하고 있다. 제3장과 제4장은 윈드서핑의 환경적 요소들에 대한 설명과 안전에 관한 내용을 담고 있다. 제5장은 윈드서핑의 추진원리와 진로변경 메커니즘에 대하여 기술하고 제6장은 윈드서핑과 관련된 장비와 명칭에 대하여 설명하고 있다. 제7장은 장비의 조립과 운반법에 대하여 설명하고 바다로 나가고 들어오는 방법을 소개하고 있다. 제8장부터 10장까지는 윈드서핑의 기초기술과 방향전환기술에 대하여 알아보고, 고급기술에 대해서도 충분한 설명을 하고 있다. 제11장은 경기규칙과 해로규칙에 대하여 알아보고, 제12장은 윈드서핑과 관련된 훈련방법들을 소개하고 있다. 제13장은 학교현장이나 훈련현장에서 체계적인 학습이 이루어질 수 있도록 학습지도안을 작성하는 법을 소개하고 있다. 마지막으로 부록에는 용어해설과 10가지 매듭법을 자세하게 설명하고 있다.

　윈드서핑과 요트를 학생들에게 가르치고 실습을 하면서 아쉬웠던 점들을 보완하고자 이 책을 저술하게 되었지만 막상 끝내는 시점에서 돌아보니 모자라기만 한 것 같다. 윈드서핑의 매력과 가치, 학습지도안 작성방법에 대해서는 다른 여타의 서적들에서 볼 수 없는 이 책만이 갖는 독특한 부분이라고 자부할 수 있지만, 이론과 실습을 겸비한 서적으로서 실전의 동영상 처리나 자세한 응용동작에 대한 적절한 설명이 되지 못한 점을 아쉽게 생각한다. 추후 개정판에서 이러한 점을 보완하고자 한다.

　아무쪼록 이 책이 윈드서핑을 배우려는 호기심 많은 학생들의 잠재욕구를 어느 정도 충족시켜주었으면 하는 바람을 갖는다. 학기 중 바쁜 일정에도 불구하고 기술동작에 대한 사진 모델로서 참가해 준 정상수 선생, 정훈철 군에게 고맙다는 말을 전한다. 또한 이 책의 편집과 교정에 힘을 써준 박태준 선생에게도 심심한 사의를 표한다. 아울러 제주대학교 홍보출판센터의 윤재호 선생님의 도움에 대해서도 깊은 감사의 마음을 전한다.

2013년 11월

저자대표 양 명 환

windsurfing

CONTENTS

윈드서핑의 개요

제1장에서는 윈드서핑의 역사와 보급 및 국내의 윈드서핑 발전과정에 대해서 소개하고자 한다.
윈드서핑의 기원과 역사에 대해 살펴보고, 보급은 어떻게 이루어 졌는지 살펴본다. 또한 국내의 윈드서핑 보급과 발전과정에 대해 살펴본다.

♣ 윈드서핑의 정의
♣ 윈드서핑의 역사
♣ 국내 윈드서핑의 발전

1. 윈드서핑의 정의

탁 트인 바다와 출렁이는 파도 위에서 바람을 가르며 빠르게 질주하는 윈드 서핑은 운동량이나 쾌감이 어느 수상스포츠보다 월등히 뛰어나기 때문에 우리는 수상레저스포츠의 꽃이라 정의한다. 윈드서핑(windsurfing)은 보드(board)와 세일(sail)이라는 간단한 장비만으로 바람을 이용하여 수상에서 즐길 수 있도록 요트와 서핑(파도타기)의 장점만을 결합하여 만들어졌다. 윈드서핑은 물을 가로질러 움직일 수 있도록 보드에 세일을 부착하였는데, 이를 세일보딩 (sailboarding) 또는 보드세일링(boardsailing)이라고도 한다. 윈드서핑은 수상 종목 중에서는 비교적 장비가 간단하고 부품수가 적어서 조립과 해체가 용이하다는 장점을 갖고 있다.

윈드서핑은 일반적으로 2~5미터의 길이의 세일 한 장으로 바람을 이용하여 동력을 만들어 낸다. 윈드서핑의 특징은 키로 조종하는 요트(세일보드)와는 달리 마스트(mast, 돛대)를 수직으로 고정시킨다는 기본 개념을 탈피하여 리그를 360° 자유롭게 회전할 수 있도록 유니버설 조인트(universal joint)를 사용한다. 이와 같이 윈드서핑은 리그와 보드를 연결하는 유니버설 조인트를 사용하여 마스트와 세일을 기울이고 회전시킴으로써 자유자재로 움직일 수 있다는 특징을 갖고 있다. 다시 말해서, 세일을 미는 압력중심이 이동함에 따라 방향을 자유자재로 바꿀 수 있으며, 세일은 엔진과 키의 역할을 동시에 하게 된다.

윈드서핑은 스케이트보딩(skate boarding), 스노우보딩(snow boarding), 워터스키(water skiing), 그리고 웨이크 보딩(wake boarding)과 같은 다른 보드 스포츠와 공유하는 경기적 측면과 함께 세일링과 서핑의 측면을 모두 결합하였다. 윈드서핑이 요트(세일보드)의 축소판으로 간주될 수도 있지만, 윈드서핑은 어떠한 다른 유형의 세일링 보드에서 경험할 수 없는 스릴과 짜릿함을 제공한다. 윈드서핑은 선수급(A-class)들이 보통 시속 60~80km의 속도를 낼 수 있으며, 동호인급은 시속 50km 안팎의 속도를 낼 수 있는 것으로 알려지고 있다. 윈드서핑은 세일링 선(sailing craft)으로는 스피드 세계기록을 보유하고 있다. 기존의 윈드서핑 스피드 세계기록은 2005년 4월 프랑스에서 브루나이 (Brunei) 국적의 피니안 메이나드(Finian Maynard) 선수가 48.70노트(90.19 km/h)를 기록하였으며, 순간 최고 속도는 100km/h를 넘었다고 한다. 그러나 깨지지 않을 것 같던 피니안 메이나드의 기록은 약 3년이 지난 2008년 3월 5일 프랑스 국적의 안톤 알뷰(Antoine Albeau)에 의해서 새롭게 경신된다. 안톤 알뷰는 피니안 메이나드가 기록을 수립했던 장소인 프랑스 카날(Canal) 호수에서 49.09노트(90.91 km/h)라는 놀라운 속도로 세계기록을 수립하였다.

뿐만 아니라 윈드서핑은 점프를 할 수 있고, 역으로 공중회전을 할 수도 있으며, 빠른 회전과 기동력 그리고 어떠한 다른 세일보트들이 할 수 없는"프리스타일"의 움직임을 선보일 수 있다. 윈드서퍼들은 마우이 섬의 죠스(Jaws) 협곡에서나 볼 수 있는 세계에서 가장 큰 파도들을 타기도 한다. 이처럼, 윈드서핑은 독특한 분야로 스피드 세일링, 슬라롬, 코스 레이싱, 웨이브 세일링, 슈퍼 X, 그리고 프리스타일을 포함하고 있다.

윈드서핑은 0~50노트의 바람에서 가능하지만, 여가로 즐기는 대부분의 윈드서퍼들에게 이상적인 활주조건은 15~25노트이다. 기초체력과 날씨 조건이 좋으면 세일링, 조종, 터닝의 기본기술 등을 몇 시간 내에 학습할 수도 있다. 윈드서핑에 능력이 생기면 활주, 카브 자이빙(속도를 내면서 풍하로 방향전환), 워터 스타팅, 점핑 등의 발전된 고급기술을 학습하게 되는데 이러한 고급기술을 익히는데 상당량의 연습이 요구된다.

2. 윈드서핑의 역사

1) 윈드서핑의 기원

윈드서핑은 1960년 이후 인기가 상승하고 있는 비교적 신종 스포츠로써 정확하게 누가 윈드서핑을 발명했는지에 대한 논쟁의 여지가 있다. 어떤 사람들은 윈드서핑이 1958년 피터 칠버스(Peter Chilvers)라는 영국 소년에 의해 발명되었다고 주장하지만 또 다른 견해는 1960년대 중반에 세일보드를 제작하고 판매했던 미국 태생의 뉴먼 다비(Newman Darby)를 최초의 발명가로 인정한다.

윈드서핑의 탄생은 1940년대 후반 미국 펜실베니아 주(州)의 발명가였던 뉴먼 다비가 노를 사용하지 않고 조종할 수 있는 배에 관심을 갖게 되면서 시작되었고, 세일보드로 진화하는 데 약 20년 이상이 소요되었다. 뉴먼 다비와 그의 부인 나오미(Naomi)는 1964년에 'Darby Industries' 주식회사를 설립하였고, 그의 동생 케네스(Kenneth)와 함께 회사를 활성화시키고자 노력하였다. 1964년에 유니버설 조인트를 사용하여 최초로 세일보드를 제작하고 판매하였으며, 제작 후 1년 동안(65~66년)에 약 80여대를 판매하였다.

뉴먼. 다비는 1965년 'Popular Science'이라는 잡지에 '세일보딩 : 수상에서 빠른 속도로 즐길 수 있는 새롭고 자극적인 수상 스포츠'라는 기사를 기고하면서 세일보드(Free-Sail-System)를 미국인들에게 최초로 소개하였다. 초창기 디자인은 평평한 판의 형태인 세일 보드를 혼자서 움직이게 할 수 있는 원시적 형태의 유니버설 조인트를 처음으로 설계하였다. 이 세일보드는 유니버설 조인트(universal joint), 마스트(mast), 대거보드(dagger board), 스케그(skeg), 그리고 연 모양을 한 프리 세일을 갖춘 초창기 윈드서핑의 모델이 되었다. 뉴먼 다비의 세일보드는 1965년 필라델피아서 개최된 보드 쇼에서 인기를 끌었고, 'The

〈그림1-1〉 Popular Science 기사

price is right'이라는 인기 있는 미국 게임 쇼에서 경품으로 선보이기도 하였다. 그러나 뉴먼 다비의 세일보드 디자인이 그다지 인기를 얻지 못하면서 1960년 말에 가동을 중단하게 된다. 중단된 주된 이유는 설계가 공기역학적으로 충분하지 못했을 뿐만 아니라 사용하는데 많은 제약이 따랐기 때문이다. 이후 세일 보드는 다른 사람이 완벽한 설계를 내놓기 전까지 대중의 관심을 얻지 못하였다.

최초의 실용적 보드는 남부캘리포니아의 초음속 항공엔진 설계 엔지니어인 짐 드레이크(Jim Drake)와 사업가이자 서퍼인 호일 슈바이처(Hoyle Schweitzer) 두 명의 미국인에 의해 설계되었다. 이들은 요트와 서핑을 즐기는 동호인들이었는데 요트와 서핑의 장점을 접목하여 단순히 파도를 타는 서핑에 바람을 이용하는 새로운 기구를 고안하였다. 이들은 요트에 달려있는 고정식 마스트(돛대)에서 360도 회전이 가능한 마스트 풋(유니버설 조인트)을 구상하였으며, 여기에다 활 모양의 붐(boom)으로 마스트를 조작함으로써 세일링이 가능하게 하였다.

짐 드레이크는 조정 가능한 마스트를 발명하였고, 두 가지 프리-세일 방식을 연구하였다. 첫 번째는 유니버설 조인트 방식이었고, 또 다른 방식은 마스트가 대거보드에 고정되어 있는 형태이다. 두 방식 모두 문제가 있었지만, Baja Board라고 불리는 유니버설 조인트 방식이 더 적절하다고 판단되어 1968년 말에 'Windsurfer'로 정식특허를 출원하기에 이른다. 짐 드레이크와 호일 슈바이처의 세일보드 특허권은 등록절차를 거쳐 1970년에 정식으로 승인되었으며, 1983년에는 개량된 형태의 유니버설 조인트를 재발표하기에 이른다.

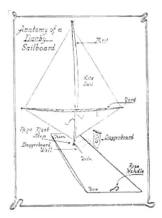 

〈그림1-2〉Newman Darby의 초창기 윈드서핑 설계도와 형태

1969년 호일 슈바이처는 짐 드레이크에게서 특허 지분의 반을 받아 'Windsurfing International'이라는 회사를 설립하고 SK-8이라는 보드를 제작하기 시작하였다. 하지만 수작업으로 제작되는 섬유유리 보드의 높은 가격과 약한 내구성이 문제가 되어 다른 재질의 보드를 연구하기 시작한다. 결국 폴리에틸렌을 사용하여 보드를 제작하였고, 제조업자였던 듀퐁(Dupont)은 자신들의 재료가 새로운 용도로 사용되는 것에 감탄하여 이를 발표하면서 윈드서핑이 전 세계에 알려지기 시작하였다. 뿐만 아니라 호일 슈바이처와 그의 부인 다이앤(Diane)은 적극적인 홍보와 마케팅 활동으로 'Windsurfing International'이 세계적인 장비업체로 급부상하는데 기여한다.

〈그림 1-3〉
짐 드레이크와
호일 슈바이처

1971년 유럽에 알려진 후 윈드서핑은 급성장하기 시작하였고, 1973년 텐케이트(Tencate)는 '윈드서퍼'의 허가를 받아 네덜란드에서 제작하기 시작하였으며, 판매된 지 5년 만에 '윈드서퍼'를 포함한 모든 유럽의 세일보드는 15만대 이상의 판매량을 기록하면서 미국 시장을 따라잡게 된다. 1970년 후반의 윈드서핑 열풍은 유럽 전역에서 3가구당 1가구가 세일보드를 갖고 있을 정도였다고 한다. 이후 윈드

서핑은 캘리포니아에서 미국 전역으로 보급되었고, 80년대 초반에는 북미와 유럽뿐만 아니라 호주 등지로 급속하게 전파되었다. 이와 같이 윈드서핑은 미국에서 개발되었지만 유럽에서 더욱 인기가 있었으며, 최근까지 유럽산 제품들을 미국에서 구매하고 있는 실정이다.

1980년대는 윈드서핑의 호황기라 할 수 있다. 이 시기에 경기 참여자수는 최고를 기록하였고 이로 인해 1983년에 '프로월드컵투어' 가 탄생하였다. 보드들은 이전에 비해 짧아지고 가벼워지기 시작하였으며, 싱커보드(sinker board)가 발명되었고, 풋 스트랩(foot strap)과 하니스(harness)가 선을 보였다. 하와이에서는 새로운 종류의 윈드서핑인 펀 보딩(funboarding)이 소개되면서 전 세계적으로 펀보딩 물결이 나타났다. 윈드서퍼들은 기량이 점점 더 향상되면서 거대한 파도위에서 웨이브 세일링을 즐기기 시작하였다. 장비 또한 이전에 비해 속도가 훨씬 빨라졌으며, 프로서키트에서는 두 개의 훈련종목인 레이스와 웨이브가 전 세계 챔피언을 결정한다.

2) 윈드서핑의 발전

윈드서핑은 1984년 LA 올림픽경기에 정식종목으로 채택되면서 스포츠 역사상 새로운 종목이 창안되어 가장 단기간에 정식 종목으로 채택된 종목으로 기록되었다. 윈드서핑은 개발된 지 15년 만에 Int-windglider class가 올림픽에서 한 자리를 차지하게 되었다. 1962년생인 스테판 반 덴 버그(Stephan van den Berg)는 탁월한 재능으로 금메달을 획득하였으며, 우리나라의 조진섭 선수가 출전하여 34위로 선전하였다. 아시아 선수 중에는 아직까지 올림픽에서 메달을 획득하지 못하고 있다가 최근 중국은 프랑스 팀의 기술과 노하우를 전수받고, 2008년 베이징올림픽 윈드서핑에서 금메달을 획득하였다. 또한 2008년 베이징 올림픽부터는 Mistral one-design 종목보다 더 빠른 스피드 경기를 위하여 닐 프라이드(Neil Pryde)사의 Hybrid Board인 Rs-X class라는 종목이 채택되어 경기가 열렸다.

윈드서핑 경기는 크게 코스레이싱(course racing)과 슬라롬(slalom)으로 구분된다. 올림픽과 세계선수권 및 아시안게임 등 국제 경기에서는 코스레이싱 경기만 행해지며, 슬라롬 경기는 프로월드컵투어와 같은 이벤트성 경기에서 주로 행해진다. 슬라롬 경기나 프리스타일(free style) 경기는 하와이에 있는 마우이(Maui)와 북미의 샌프란시스코, 샌디에이고에서 열리며, 유럽은 거의 전역에서 경기가 성행하고 있다. 프리스타일은 잔잔한 수면위에서도 행해지지만, 매우 높은 파도 위에서 점프와 공중회전을 선보이기도 한다. 이와 같이 윈드서핑은 세계 각지에서 기술을 연마하는 수백만 명의 사람들에게 완전한 스포츠로 거듭나기 위해 계속 진화하고 있는 중이다.

◈ 세계프로윈드서퍼협회 명예의 전당에 오른 3인 ◈

짐 드레이크, 호일 슈바이처, 그리고 로비 내쉬는 오늘날 윈드서핑을 탄생시키는데 크게 공헌한 사람들로서 2002년 5월 11일 '세계프로윈드서퍼협회(PWA : Professional Windsurfer Association)의 명예의 전당(Hall of Fame)'에 올랐다. 짐 드레이크는 '윈드서핑의 아버지(Father of Windsurfing)'로 불리며, 1967년 5월 캘리포니아 주 산타모니카 차고에서 설계하고 조립한 '윈드서퍼(Windsurfer)'를 최초로 발표하였으며, 호일 슈바이처는 일반 대중들에게 제품형태의 세일보드를 확산시킨 공로로 명예의 전당에 올랐다.

그리고 로비 내쉬는 윈드서퍼로서 기술과 역량이 무엇인지를 여실히 보여준 인물이다. 1963년 4월 23일 캘리포니아 샌디에이고에서 태어난 로비 내쉬는 파도타기 선수와 서핑보드 제작자였던 선친(Rick Naish)과 가족을 따라 하와이로 이주하였다. 그 곳에서 11살이라는 어린 나이에 윈드서핑을 배우기 시작하여 얼마 되지 않아 1976년 13세의 어린 나이로 생애 첫 세계챔피언 타이틀을 차지하였다. 이 후에도 아마추어 선수로서 로비 내쉬는 1977년부터 1979년까지 세계선수권대회에서 연속으로 우승하였다. '세계프로윈드서퍼협회(PWA)'의 전신인 '세계프로보드세일링협회(PBA : Professional Boardsailing Association)'가 출현한 이후, 1983년부터 1987년까지 연속으로 아마추어 및 프로선수 통합세계챔피언을 지냈고, 1988년, 1989년 및 1991년 프로윈드서핑세계챔피언 타이틀을 획득하였다.

로비 내쉬는 오늘날 우리가 보면서 놀라움을 금하지 못하는 신기에 가까운 윈드서핑 '앞 공중돌기(Forward Loop)'나 '큰 파도타기(Table Top)' 묘기를 고안했으며, '롱보드(3.72m) 앞 공중돌기' 묘기를 처음으로 선 보임으로써 그의 명성을 재확인할 수 있었다.

1990년대에 로비 내쉬는 새로운 분야에 진출하는데 신종스포츠인 카이트서핑(Kitesurfing)의 선수가 되었다. 그는 1998년에 카이트보딩 슬라롬 세계타이틀을 획득하였고, 1999년에는 슬라롬과 점핑 부문에서 모두 카이트보딩 세계타이틀을 석권하였다. 국제적인 스포츠 유명인사로서 로비 내쉬는 수많은 영화, 비디오, 뉴스 보도 및 기사에 등장하였다. 그가 첫 번째로 세계타이틀을 획득한지 30년이 지난 2006년부터 세일보드, 세일, 및 카이트 서핑 장비들은 'Naish' 이름으로 전 세계에 판매되고 있다.

하와이 마우이는 특별하고 신성한 장소이며 윈드서핑의 메카라 할 수 있다. 이곳은 웨이브 세일링의 주된 명소이며, 호일 슈바이처의 동생 매트 슈바이처(Matt Schweitzer)는 하와이의 유명한 후키파 해변(Hookipa beach)에서 최초로 세일링을 한 사람이었다. 1980년대 말에는 이곳이 비치 라이프스타일 이미지를 대변하는 장소가 되었고, 실제로 윈드서핑 그 자체를 마음껏 즐길 수 있는 곳이기도 하다.

하와이 카일루아(Kailua) 출신인 로비 내쉬는 윈드서핑에서 현존하는 전설이라 할 수 있다. 1976년 바하마 세계윈드서핑선수권 대회에서 당시 13세의 로비 내쉬라는 걸출한 스타가 탄생하면서 현란한 기교를 부릴 수 있는 레저스포츠로 확실하게 자리를 잡게 되었다. 로비 내쉬는 윈드서핑의 진정한 홍보대사였고 1983-1987년까지 전 세계의 타이틀을 장악했으며, 88~89, 91년에는 웨이브 부분 월드챔피언을 지냈다. 대중들은 로비 내쉬와 데이브 칼라마(Dave Kalama)에 열광하였고, 특히 마크 앵글로(Mark Angulo)는 이곳에서 매일 세일링을 하면서 우리가 알고 있는 수많은 영화의 배경을 탄생시켰다.

1969년생인 비욘 던커벡(Bjorn Dunkerbeck)은 덴마크 출신으로 현대의 프로월드컵투어에서 12회 연속 챔피언 타이틀을 획득하였다. 그는 윈드서핑 역사상 가장 성공한 선수 중 하나로 추앙받고 있으며, 동료들에게도 존경을 받으며 또 다른 윈드서핑 전설을 탄생시켰다. 1990년대의 시합은 최절정에 달하는데, 1992년에는 프로협회에서 전 세계 곳곳에 가장 규모가 큰 윈드서핑대회를 탄생시켰다.

◆ 윈드서핑의 국제스타들 ◆

- 로비 내쉬(Robby Naish) : 가장 오래 국제적 명성을 얻은 최초의 윈드서핑 챔피언 중의 한 사람으로서 1970년, 80년대의 초창기 시합을 독점하였다. 1976-79까지 PWA세계챔피언, 1983-87 PWA 통합세계챔피언, 88, 89, 91 PWA 웨이브세계챔피언을 지냈다.
- 비욘 던커벡(Bjorn Dunkerbeck) : 내쉬의 승계자로서 1980년 말과 1990년대에 걸쳐 수년 동안 시합을 지배하였다. 12회의 PWA 통합세계챔피언.
- 안톤 알뷰(Antoine Albeau) : 21회 윈드서핑 다부문 세계챔피언, 윈드서핑 기록보유자(52,05노트)

- 스테판 반 댄 버그(Stephan van den Berg) : 1980~1983 세계챔피언, 1984년 올림픽 최초의 우승자.
- 리카르도 캠펠로(Ricardo Campello) : 프리스타일의 창안자, 많은 고난도의 동작을 만들어 냈으며, 2003, 2004, 2005 PWA 프리스타일세계챔피언.
- 카우리 새디(Kauli Seadi) : 웨이브 시합에서 선구자적인 프리스타일 기술도입. 2005년 PWA웨이브 시합 1위.
- 카린 자기(Karin Jaggi) : 1990년대, 2000년대 프리스타일, 웨이브, 스피드 시합의 다부문 여성 PWA 세계챔피언.
- 나탈리 래리부레(Natalie Lelievre) : 1984, 1985 전세계챔피언.
- 다이다 모레노(Daida Moreno) : 2000~2005 PWA 웨이브세계챔피언, 2003, 2006 프리스타일세계챔피언.
- 이바라 모레노(Iballa Moreno) : 2006 PWA웨이브세계챔피언, 다이나모레노와 쌍둥이 자매.
- 제이슨 폴라코우(Jason Polakow) : 1997, 1998 PWA웨이브세계챔피언.
- 케빈 프리챠드(Kevin Pritchard) : 2006 PWA웨이브세계챔피언, 2000년 PWA 통합 랭킹 1위.
- 닉 베이커(Nik Baker): PWA웨이브세계대회 준우승 3회, 실내세계챔피언 6회 수상
- 골리토 에스트레도(Gollito Estredo) : 2006, 2008~2010 PWA 프리스타일세계챔피언
- 스테벤 반 브로에크호반(Steven van Broeckhoven) : 2010 유럽프리스타일챔피언, 2011 PWA 프리스타일세계챔피언
- 필립 코스터(Philip Koster) : 2011, 2012 PWA 웨이브세계챔피언

윈드서핑은 강이나 바다에서만 하는 것이 아니다. 프랑스나 영국, 벨기에, 헝가리, 네덜란드 등의 유럽 국가들은 실내경기장을 개발하여 매년 국제실내윈드서핑대회를 개최하고 있다. 적게는 수천 명에서 많게는 만 명에 이르는 관중을 수용할 수 있도록 설계되었으며, 경기장의 한쪽 라인은 인공바람을 일으킬 수 있는 많은 수의 프로펠러가 설치되어 있다. 이러한 장비로 초속 9m 이상의 풍속을 만들어낼 수 있으며, 스피드 경기뿐만 아니라 점프대를 설치한 슬라롬 경기도 개최하고 있다. 이처럼 윈드서핑은 유럽의 성장세가 다른 어느 지역보다는 훨씬 더 크며, 동호인 수뿐만 아니라 개최되는 경기의 수도 가장 많다.

3. 국내의 윈드서핑 발전

1) 국내의 윈드서핑 역사

윈드서핑은 1976년 강승일에 의해 국내에 처음으로 소개된 이후, 지금은 고인이 된 권희범(전 한국윈드서핑협회 부회장, 세계요트연맹 이사)씨가 1980년 10월에 대한해협(부산 태종대-대마도)을 단독 횡단하면서 대중들에게 주목을 받기 시작하였다. 그로부터 2년 뒤인 1982년 6월에는 도버해협(프랑스 도버-영국 포크스톤)을 단독으로 횡단하여 한국 윈드서핑 역사에 이정표를 세웠다. 그 해 1982년에 강승일 회장과 권희범 사무국장이 뜻을 모아 가칭 '한국윈드서핑연맹'이 창설되었고, 10월에 제1회 한국윈드서핑연맹장배 전국윈드서핑선수권대회가 개최된다.

국내에서 대중적인 발전을 가져온 것은 '88 서울올림픽 윈드서핑 퍼레이드'이다. 1988년 서울올림픽 개막식에서 식전 행사인 '강상제'의 일환으로 160개국의 올림픽 출전국 국기를 세일에 붙이고 윈드서핑 퍼레이드를 펼침으로써 일반인들에게 큰 관심을 불러일으키며 급속히 확산되었다. 이 '윈드서핑 퍼레이드'는 88서울올림픽 개막 행사 중 유일하게 동호인들이 참여한 행사로 기록되었고, 이 퍼레이드의 진행을 위해 요트제작회사인 '코마라' 사의 헌신적인 장비 지원과 제작 활동이 이루어졌으며, 강습장비의 보급이 이루어졌다. 이를 계기로 당시 고건 서울시장으로부터 현재의 뚝섬지구 훈련장 사용허가를 받아 현재에 이르고 있으며, 초보자 강습회가 7년간 서울신문사의 '스포츠서울 윈드서핑 강습회'라는 타이틀로 개최되면서 동호인 클럽이 활성화되는 주요한 촉매제 역할을 하였다. 이후 한국보드세일링협회(현 한국윈드서핑협회)를 중심으로 여러 강습회와 시합이 생겨났고, 해양소년단 윈드서핑연맹의 발족으로 많은 어린이들에게도 알려지기 시작하였다.

이후 사단법인 대한윈드서핑협회의 발족으로 윈드서핑 대중화의 촉진제 역할을 하였으며, 최근엔 생활체육으로서 윈드서핑이 활성화되어 생활체육 전국윈드서핑연합회가 각 지부협회를 두고 활동을 하고 있다. 현재 우리나라에서는 전국적으로 약 200여개 클럽에서 2만 여명 정도의 동호인들이 꾸준히 활동하는 것으로 추산되고 있다. 1980년 후반과 90년대 초반에는 국내의 체육학과 및 체육계열 학과에서 전공 및 교양체육 수업으로 윈드서핑 교과목을 개설함으로써 대학생들이 수업을 통한 기초교육과정이 운영되고 있다. 최근엔 대학 동아리를 중심으로 젊은 층의 익스트림 스포츠(extreme sport)로써 각광을 받고 있다.

국내에서 윈드서핑 동호인 활동이 처음으로 시작된 곳은 경기도 대성리 소재 남한강 일대이며, 현재는 한강이 윈드서핑 중심지로서 각광받고 있다. 잠실대교를 중심으로 뚝섬부근과 광나루 일대는 수영, 보트, 윈드서핑 등 수상레저스포츠 시설이 밀집되어 있다. 윈드서핑은 뚝섬지구, 잠원지구, 성산지구 등지에서 행해지고 있는데, 특히 한강은 봄(3~5월)과 가을(10~11월)에 윈드서핑을 타기에 적합한 서풍이 불어 초급자와 중급자가 부담 없이 즐길 수 있다. 또한 중급 이상의 동호인들은 강보다는 바다를 선호하면서 부산의 수영만, 전라남도 무안과 목포, 울산광역시, 그리고 경상남도 거제도 등과 같은 곳을 즐겨 찾는다. 이 외에도 국내 최대의 관광지로 유명한 제주도는 중문해수욕장, 이호해수욕장 및 신양해수욕장에서 주로 행해지고 있다. 특히, 신양해수욕장은 최근까지 사단법인 대한윈드서핑협회의 훈련장이 있어 많은 동호인들이 동계 훈련장으로써 많이 찾던 곳이다.

2) 국내의 윈드서핑 발전

1976년에 도입된 윈드서핑은 발전가능성이 높은 해양스포츠로 인식되고 있다. 국민생활체육 전국윈드서핑연합회가 추산하는 우리나라 윈드서핑 인구는 약 2만 여명으로 보고 있다. 또한 강습을 한 번이라도 받은 사람까지 합치면 약 20만 명 정도로 추산하고 있다. 이처럼, 윈드서핑 인구가 분명히 적은 인구는 아니지만, 활동하는 인구는 턱없이 부족한 실정이다. 뿐만 아니라 엘리트 분야에서도 성적이 그다지 좋은 편이 아니다.

〈표 1-1〉 우리나라 선수의 아시안게임과 올림픽 경기성적

아 시 안 게 임		올 림 픽	
년도/개최도시	선수(순위)	년도/개최도시	선수(순위)
1986 서울	조진섭(4/7)	1984 LA	조진섭(34/38)
1990 베이징	서용근(3/8) 주순안(3/8)	1988 서울	이한림(30/45)
1994 히로시마	윤성수(4/9) 주순안(3/5)	1992 바르셀로나	서용근(27/44)
1998 방콕	옥덕필(3/7) 홍아람(3/7)	1996 애틀랜타	옥덕필(33/46) 주순안(16/27)
2002 부산	옥덕필(1/9) 홍아람(3/6)	2000 시드니	옥덕필(21/36) 주순안(13/29)
2006 도하	문창성(4/8)	2004 아테네	옥덕필(27/34)
2010 광저우	이태훈(3/10)	2008 베이징	이태훈(18/35)
2014 인천		2012 런던	이태훈(15/38)

우리나라 윈드서핑은 올림픽에 지금까지 한 번도 빠지지 않고 참가해온 종목으로 특수한 관계가 있다. 지금까지 한 번도 빠짐없이 참가해온 종목은 태권도와 윈드서핑 두 종목인데 태권도가 종주국인 점을 감안하면 윈드서핑이 유일하다 할 수 있다. 우리나라의 올림픽 및 국제대회 참가는 1984년 LA올림픽 게임에 출전한 조진섭 선수를 시작으로 이후 각종 대회에 꾸준히 참가하고 있다. 1988년 서울올림픽에서는 디비전-Ⅱ급이 채택되어 이한림(당시 중앙대) 선수가 출전하였으며, 1992년 바르셀로나 올림픽에서는 서용근(상무) 선수가 출전하였다. 이후 이스트랄 원 디자인(Mistral One-Design)이 정식종목으로 새롭게 채택되면서 1996년 애틀랜타, 2000년 시드니, 그리고 2004년 아테네 올림픽에 옥덕필(해운대구청) 선수가 올림픽 3회 연속출전이라는 성과를 거두었지만 정작 올림픽에서는 중상위권 성적을 거두었다. 이태훈 선수(해운대구청)는 2008년 베이징올림픽에서 역대 한국 최고성적인 18위를 차지하였고, 2012년 런던올림픽에서는 아쉽게 15위를 기록하면서 격차를 줄이는데 만족해야 했다. 하지만 두 개 대회 연속 10위권을 유지하면서 우리나라 윈드서핑에서도 머지않아 올림픽 메달 획득이 가능할 것으로 기대하고 있다.

한편, 국내에서도 PWA 대회가 개최되고 있다. 윈드서핑을 즐기는 데 최적의 조건을 갖춘 울주군 서생면 진하리의 진하해수욕장에서 2005년 제1회 대회가 열린 뒤 2006년 아시아 윈드서핑 투어(AWT) 정규대회로 승격하였으며, 2007년부터 국제프로윈드서핑선수협의회(Professional Windsurfers Association : PWA)가 주관하는 세계대회로 승격하였다.

울산컵 PWA세계윈드서핑대회 조직위원회와 국민생활체육 울산광역시 윈드서핑연합회, 울산광역시 윈드서핑협회가 공동으로 주관하여 5월 중에 열린다. 아시아에서는 처음으로 PWA 대회로 승격하면서 상금이 4만 5000 유로화로 인상되었고, 경기규칙은 PWA 규정에 따른다. 2013년 대회는 비욘 던커벡(Bjorn Dunkerbeck), 안톤 알뷰(Antoine Albeau), 및 카린 자기(Karin Jaggi) 등 현존하는 윈드서핑 전설들을 포함하여 30개국의 선수 및 임원 관계자 400여 명이 참가하였다. 경기종목은 PWA 선수와 와일드카드 대상자들이 출전하는 슬라롬63(Slalom 63 : 깃대가 6개에 보드가 3개인 윈드서핑 경기), 한국윈드서핑협회 및 각국 윈드서핑협회 등록선수들이 출전하는 RS : X급, 아마추어 동호인도 참가할 수 있는 슬라롬 오픈(slalom open) 등으로 치러졌고, 초청선수들이 카이트보딩(Kiteboarding) 시범경기를 펼쳤다

1. 윈드서핑의 특징에 대해 간략히 설명하시오.

2. 윈드서핑을 고안한 사람과 유래에 대해 설명하시오.

3. 우리나라에 윈드서핑을 처음 소개한 사람과 알려지게 된 배경에 대해 설명하시오.

4. 세계프로윈드서핑협회 명예의 전당에 오른 3인에 대해 설명하시오.

윈드서핑의 매력과 가치

제2장은 여가스포츠로서 윈드서핑의 매력과 가치에 대하여 소개하고 있다.
이 장은 윈드서핑이 가지고 있는 특성을 자유의식, 자발성, 자기표현성, 가치창조성, 충만성으로 나누어 소개하고, 윈드서핑의 가치를 심리적, 사회적, 생리적, 교육적 그리고 도덕적 가치로 나누어서 설명하고자 한다.

♣ 여가스포츠로서 윈드서핑의 매력
♣ 윈드서핑의 가치

1. 여가스포츠로서의 윈드서핑의 매력

햇빛에 반짝이는 세일을 달고 나비처럼 산들 산들 움직이다가도 바람을 만나면 하얀 꼬리와 포말을 일으키며 물 찬 제비처럼 빠르게 물위를 질주하는 모습은 마치 환상적인 스케이팅 선수의 동작과도 흡사하다. 바람의 힘으로 속도감에 도전하는 스포츠, 바로 윈드서핑이다.

윈드서핑의 장점으로는 여타 종목에 비해 짧은 기간에 습득이 가능하고 재미있으며, 바람이 잘 부는 곳이면 어디든 활동공간이 자유롭다는 장점이 있다. 그리고 장비의 분해와 조립이 간편하고 이동이 용이하며, 이전의 항해용 요트에 비교하여 경제적으로 가격이 저렴하다. 뿐만 아니라 특별한 신체적 조건을 필요로 하지 않고 전신 운동의 효과를 볼 수 있으며, 자신이 터득한 기술을 자신의 장비로 주변사람들에게 가르칠 수 있고, 즐거운 마음으로 최상의 운동 효과를 기대할 수 있다.

윈드서핑(windsurfing)은 자연 친화적인 해양스포츠이며, 자연과 조화롭게 순응하면서 도전의식, 즐거움과 만족감을 제공하는 대표적인 자기 목적적 활동이다. 근력, 근지구력, 조정력, 평형성, 유연성, 민첩성 등의 체력요소가 다양하게 요구되고 운동부하가 전신에 작용함으로써 운동의 생리적 효과가 클 뿐만 아니라 쾌락적 즐거움, 몰입감, 자기효능감 등의 심리적 기능을 촉진하고 정신적인 긴장을 해소시키는 정화의 기능을 제공할 수 있는 생태스포츠이다. 특히 바람과 파도를 타는 동안 자연환경에 심취하여 일상생활로부터 해방감을 만끽하게 되고 맑고 신선한 공기를 호흡하면서 끝없이 펼쳐지는 탁 트인 공간에서 자유롭게 세일링(sailing)하는 즐거움이야말로 말로 다 표현할 수 없는 행복감을 가져다준다. 또한 형형색색의 세일들이 무리지어 맑은 수면, 푸른 하늘과 맞닿아 달리는 모습은 어느 스포츠에서도 만끽할 수 없는 시각적인 아름다움을 제공한다.

여가학적인 관점에서 이러한 윈드서핑 여가 스포츠가 지니고 있는 기본적 특성을 자유의식, 자발성, 자기표현성, 가치창조성, 충만성 등으로 나누어 살펴보면 다음과 같다.

1) 자유의식

윈드서핑 여가는 무엇보다도 개인이 지니고 있는 다양한 의무나 구속으로부터 해방(free)된다는 속성을 지니고 있으며, 무엇을 해야만 한다는 당위성과는 구별이 된다. 윈드서핑 여가행위를 하는 것은 행위의 대상과 시간이 가족, 가정 및 사회로부터 분리되지 않을지라도 어느 정도 분리될 필요성을 갖고 있다. 여기서 윈드서핑을 즐기는 여가는 시간적 의미로 생리적 시간이나 의무적인 생활로부터 해방된 시간을 의미한다. 또한 자기개발이나 자기실현을 위한 시간의 의미를 갖기도 한다.

일상의 삶에 있어서 여가는 노동과 함께 인간의 삶을 결정하는 중요한 영역이다. 노동이 인간의 물질적 생활을 규정하는 필연의 영역이라면, 여가는 보다 차원 높고 정신적 가치를 추구하며, 인간다운 삶을 가능하게 해주는 자유의 영역이라고 할 수 있다. 인간에게 있어서 선택의 자유는 개인에게 부여된 기본권이자 특권이라고 말할 수 있다. 의무적인 압력이 거의 없는 여가가 바로 윈드서핑 여가활동이다. 진정한 여가는 책임과 의무가 요구되는 노동을 하는 시간에는 얻기가 어렵다. 따라서 여가의 가치 있는 활용은 그곳에 선택할 무엇이 있고, 자발적인 참여가 이루어져야 진정한 의미의 여가인 것이다.

윈드서핑은 우리들에게 판에 박힌 일상생활에서의 지루함, 진부함, 단조로움을 탈피하고자 하는 욕구를 충족시켜줄 수 있는 여가스포츠 중의 하나이다. 의무로부터 오는 사회적 구속이나 인간의 욕구를 만족스럽게 충족시켜주지 못하는 일상생활로부터 벗어날 수 있는 정화구 역할을 한다고 말할 수 있다.

휴식, 스포츠, 놀이들은 구속성이 배제된 여가활동의 유형으로 분류할 수 있지만 일상생활의 제약적, 구속적 요인들과 완전히 분리될 수는 없기 때문에 최소한의 의무가 가미된 여가로서 윈드서핑 활동을 평가하는 것이 적절하다.

2) 자발성

여가활동은 자발적인 활동이며, 자신의 의지로 선택하고 참여에 따른 즐거움이나 흥미가 있어야 자발적으로 선택할 수 있는 것이다.

윈드서핑 여가활동 참여여부가 전적으로 개인의 자발성에 의존하는 것이라면 윈드서핑에 참여하는 생활패턴도 자유 선택적 속성을 지녀야 한다. 따라서 참된 여가는 자유선택의 결과로 이루어지는 것이다. 그러나 항상 제약 없이 순수하게 여가활동을 즐길 수는 없다. 대인관계의 의무, 가족에 대한 의무, 집단의 규칙을 준수하여야 하기 때문에 윈드서핑을 즐기는 중에도 사회적 제약의 영향을 어느 정도 받게 된다.

각자의 개성, 흥미, 욕구에 의존하여 자발적으로 활동을 선택하는 것이 여가의 주된 특징이지만, 타인이나 사회적 요구로부터 강요되어 참여하는 경우가 종종 있는데 이때는 준여가로서 윈드서핑 활동을 하는 것에 불과하기 때문에 자발성이 결여되고 즐거움이나 참여후의 결과도 긍정적일 수 없다. 여기서 준여가(semi leisure)란 여가행위 속에 의무성, 목적성, 상업성 등 비 여가적인 요소가 관여된 여가를 말한다. 따라서 여가는 선택의 자유가 보장되어야 하며, 민주적이어야 함을 역설적으로 말해주는 것이다.

3) 자기 표현성

여가는 개인의 자아가 진실 되게 표출될 수 있는 속성을 지니고 있으며, 윈드서핑 여가스포츠는 우리에게 도전의식과 감각추구 성향 등을 표출할 수 있는 기회를 제공한다. 진정한 여가는 참된 자아를 아무런 제약 없이 가장 잘 표출할 수 있고, 만족을 느끼며 개인 자신의 가치표현에 몰입할 수 있도록 원조하는 여가활동이 바로 윈드서핑이다.

윈드서핑 여가활동에 참여함으로써 신체적, 정신적, 정서적인 자기표현의 욕구를 충족할 수 있다. 윈드서핑 여가활동은 개인이 자기표현, 자기해방 그리고 자기만족을 충족할 수 있는 기회를 제공하며, 내재적 동기의 영향을 받는 자기목적적인 활동인 것이다. 따라서 윈드서핑 여가활동에 참여하면, 개방적인 심성을 배양할 수 있으며, 타인을 배려하고 존중할 줄 아는 공동체 의식을 함양할 수 있다. 위험에 처한 사람에게 도움을 주어야 하는 것은 세일러들이 오랜 기간 동안 지켜오고 있는 불문율이다. 윈드서핑 활동을 통한 자기표현은 일상생활에서 순수한 인간성을 회복하고 조화의식을 발휘할 수 있도록 하는 데도 도움을 줄 수 있다.

4) 가치창조성

여가는 쾌락과 가치추구의 성격을 갖고 있다. 현대 사회에 있어서 여가를 통한 만족감과 쾌락은 확실히 사회적 의무와 책임에서 오는 일상적인 압박에서 벗어나 내면적 가치와 감정을 순화시켜주기 때문에 여가의 기본적인 요소가 된다. 윈드서핑은 순수한 즐거움과 활동 자체를 위하여 이루어지는 내재적이고 자기목적적인 가치창조활동이라고 평가할 수 있다. 윈드서핑을 하는 사람들은 외재적 동기에 의해서 동기유발이 되는 것이 아니라 내재적 동기에 의해서 활동 그 자체의 목적을 달성하고자 하는 열정에 의해서 동기 유발된다. 인간은 자기가 추구하고자 하는 욕구가 충족되었을 때, 만족이나 희열감을 느끼기 때문에 욕구충족에서 오는 만족의 근원도 다양할 수 있다. 여기서 자기창조성이란 윈드서핑 여가활동 참여로부터 삶의 보람과 의의를 찾을 수 있고, 새로운 역동성 및 정신적 충만함을 경험하는 것을 의미한다. 따라서 자아 존중감, 성취의식, 도전의식, 자유의지, 그리고 자기 충만성 등의 가치는 윈드서핑 여가활동을 통하여 충족될 수 있다고 말할 수 있다. 물론 윈드서핑 활동만이 이러한 가치 추구를 할 수 있다는 것은 아니다. 자기목적적인 생태스포츠가 갖는 특성이 가치 창조성을 충족시켜주는데 적합하다는 의미이다.

한편, 여가스포츠를 즐기는 창의적이고 도전적인 사람들에게는 감각추구성향이라는 것이 높다. 감각추구성향이란 신체 및 사회적 위협을 무릅쓰고 새롭고 신기한 경험이나 감각을 추구하려는 개인적 욕구로서 새로운 상황이나 위험에 도전하는 행동을 측정하거나 설명하는 기준이 된다. 감각추구성향은 개인별 편차가 존재하지만 대개 감각추구성향이 높은 사람일수록 도전적, 창의적, 진취적인 행동을 하는 경향이 높다. 스포츠분야에서도 감각추구성향은 스포츠 활동과 관련된 심리요인들과 밀접한 관련이 있으며, 윈드서핑을 포함한 모험 스포츠 활동과 관련된 심리요인들과 긍정적인 상관이 있는 것으로 알려져 있다.

감각추구성향은 모험 스포츠 활동과 관련된 자기효능감, 운동몰입, 운동지속, 스포츠만족 및 스포츠 위험행동 형성에 기여하는 것으로 입증되고 있다. 윈드서핑 여가활동은 모험에 대한 자율적 도전을 통한 높은 성취감과 동호인들 간의 결속력을 다질 수 있는 스포츠로서 대자연의 자유스러운 공간에서 이루어지는 창의적인 생태스포츠이다. 청소년들에게는 윈드서핑 활동을 통하여 사회발전의 동력인 이상을 향한 도전정신을 함양시킬 수 있다.

5) 충만성

무슨 일에 완벽하게 몰입한다는 것처럼 즐거운 일은 없을 것이다. 윈드서핑을 비롯하여 운동을 열심히 하는 사람들은 가끔 충만한 경험(flow experience) 또는 몰입경험을 한다. 충만이란 어떤 활동에 몰두할 때 일어나는 최적의 심리적 상태를 의미하는 것으로서 몰입이라고도 한다.

충만 또는 몰입은 운동을 하는 중에 동작을 하는 데 있어서 아무런 힘이 들지 않으면서도 시간의 흐름을 느끼지 못하는 상태에서 몸과 마음의 하나가 되는 상태를 말한다. 이 현상은 개인이 갖고 있는 기술수준과 운동 목표 및 과제가 일치하였을 때 발생하는 것으로 알려져 있다. 충만성은 윈드서핑뿐만 아니라 암벽등반, 스노우보딩, 무용 등과 같이 특별한 보상이 없이도 자기목적적인 활동에 열정적으로 빠질 때 발생하는 현상이다. 무아지경, 최적경험, 황홀경, 그리고 러너스 하이(runners' high) 등의 용어는 이 충만의 경험 상태를 표현할 때 혼용되는 개념들이다.

윈드서핑은 다양한 기술수준과 난이도를 갖는 극한스포츠이다. 다른 종목들과는 달리 윈드서핑은 초보자인 경우에도 자신이 갖고 있는 기술수준과 과제가 요구하는 난이도가 일치하게 되면 몰입을 체험할 수 있는 특징이 있다. 약한 바람 속에서 자신의 실력수준과 엇비슷한 친구들과 함께 윈드서핑을 타다 보면 시간이 가는 것도 잊은 채 세일링에만 집중할 때가 있다. 따라서 환경적인 상황요구와 상대방의 실력정도 그리고 자신의 기술수준이 균형을 이루었을 때 몰입경험이나 충만 경험을 할 가능성이 높다. 또한 자기 자신을 의식하지 못하는 것도 몰입된 상태에서 나타나는 특성중의 하나이다. 동작에 몰두하면 자신의 존재를 잊은 채로 동작에 빠져들게 된다. 또 다른 특성으로서 몰입상태에서는 시간과 공간의 감각이 왜곡된다. 몰입한 순간에는 실제 시간보다 훨씬 빨리 지나가는 데, 윈드서핑인 경우에 물위에서 3~4시간을 보내고도 얼마 안 지난 것 같은 느낌을 갖게 된다. 이것은 완벽하게 몰입을 하면, 시간의 억압으로부터 자유로워지는 상태를 느끼기 때문에 발생하는 것이다.

결국, 윈드서퍼들이 특별한 보상이 따르지 않는데도 세일링에 그토록 많은 시간과 에너지를 투자하는 것은 바로 충만감 또는 몰입경험을 느끼기 때문이다. 힘이 들지 않고 자동적으로 몸이 움직이며 심신이 빨려 들어가는 듯한 상태에서 세일링을 할 수 있다는 것은 그 자체로서 즐거움과 쾌락을 맛볼 수 있도록 해준다. 주말이면 강이나 바다 위를 수놓는 윈드서퍼들의 열정은 바로 몰입 또는 충만의 통쾌함 때문일 것이다.

2. 윈드서핑의 가치

윈드서핑은 자유의식의 발로이며, 자발성과 표현의식, 가치 창조성을 전제로 하고, 충만의 경험을 통하여 도전의식과 즐거움을 추구하는 여가스포츠이다.

본 절에서는 윈드서핑이 여가스포츠로서 지니는 가치를 심리적, 사회적, 생리적, 교육적, 그리고 도덕적 가치로 대별하여 살펴보기로 한다.

1) 심리적 가치

여가활동 또는 윈드서핑 레크리에이션은 어떻게 정서적 웰빙에 기여할 수 있는가? 정상적인 행동을 하고 있는 수백만 명의 사람들이 긴장, 권태, 스트레스, 좌절 및 불만족한 자신의 레저시간 활용 때문에 고통을 받는 경향이 있는 것으로 보고되었다. 여가 활동에서 성취할 수 있는 자신의 생활에 대한 참여의식이나 통제감이 건전한 정신건강에 중요한 역할을 한다는 것은 여러 학자들에 의하여 주장되고 있다. 이소아홀라와 와이스싱거(Iso-Ahola & Weissinger, 1984)는 많은 심리학자들이 이 원리에 기초하여 환자 자신의 삶 속에서 자유와 통제감을 함양할 수 있도록 환자들을 도우며, 또한 심리적 웰빙에 기여할 수 있는 여가활동을 통하여 타인과의 관계의식을 갖도록 도와준다고 주장하였다.

여가활동 참여를 통하여 충족되는 심리적 욕구에 대한 분석에서 노인들은 자기표현, 교우관계, 권능(power), 보상, 안전, 자원봉사, 지적·미학적 자극, 자기충족과 같은 8가지의 가치들을 중요하게 여기는 것으로 확인되었다(Kraus, 1998). 또한 성인들의 레크리에이션 동기를 조사한 연구에서 켈리(Kelly)는 휴식과 긴장완화의 욕구, 흥분, 자기표현, 친구사귀기의 즐거움, 배우자의 압력으로부터 벗어나기와 같은 요소들이 포함된다고 보고하였다(Kelley, 1978).

처브와 처브(Chubb & Chubb, 1981)는 광범위한 여가혜택들 중에서 가장 중요한 심리적 혜택은 휴식(relaxation)이라고 주장하였다. 어떤 사람들은 신체활동을 통해서 휴식을 취하지만, 또 다른 사람들은 책을 읽거나 다른 정신적 소일거리를 하면서 휴식을 취하기도 한다. 윈드서핑 활동은 바로 능동적인 휴식을 제공하는 최적의 여가활동이다. 윈드서핑 레크리에이션의 정서적 편익 중의 하나는 인간이 직면하는 현실적 문제로부터 가치 있는 도피수단을 제공해준다는 기능이다. 많은 사람들에게 레크리에이션은 중요한 것으로 인식되는데, 참기 힘들거나 불가능한 개인적인 삶의 불쾌한 현실로부터 일시적인 구원이나 휴식을 제공해주는 정화의 욕구를 충족시켜주기 때문이다.

분명히 많은 사람들이 술이나 약물남용을 통해서 불쾌한 현실로부터 도피처를 찾고자한다. 그러나 이러한 형태의 현실도피는 일시적이고 알콜 중독을 유발하거나, 특히 건강, 직무, 가족생활에 돌이킬 수 없는 커다란 문제를 유발할 수 있다. 윈드서핑과 같은 수상스포츠의 여가경험들은 이러한 바람직하지 못한 결과를 유발함이 없이 유익한 현실 탈출구를 제공할 수 있다.

레크리에이션과 밀접하게 관련 있는 가치는 스트레스 관리의 유용성에 있다. 스트레스에 대처하는 최상의 방법은 휴식과 모든 압력을 회피하는 것이라고 생각하지만, 오늘날에 와서는 적정한 수준의 스트레스는 바람직하고 건강에 좋은 것이라고 인식되고 있다. 클리버와 아이젠하트(Cleaver & Eisenhart, 1982)는 신체적 활동이 스트레스 감소에 중요한 역할을 한다고 주장하였다. 대개 사람들은 장거리 걷기, 장작패기 그리고 윈드서핑과 같은 신체활동에 참여함으로써 화, 좌절, 분노를 없앨 수 있다. 혈액 속으로 흘러 들어가는 당분과 지방을 소비하는 신체적 운동은 신트로피(syntropy)의 과정을 통해서 스트레스 반응을 줄여준다. 활동하는 근육, 심장, 호르몬, 대사반응 및 중추신경계의 반응성 등 신체의 모든 조직은 자극을 통하여 강화된다. 장시간의 운동을 하고 난 후에 신체조직들은 이완이 되며 행복감을 느끼게 된다. 이 이완상태를 얻는 것이 스트레스 반응을 줄여주는데 반드시 필요하다. 극도의 스트레스 조건 아래서 윈드서핑을 비롯한 수상 레크리에이션 활동을 하는 것은 개인들로 하여금 심리적, 정서적 균형을 유지하도록 도와줄 것이다.

윈드서핑 여가활동의 또 다른 중요한 편익은 강한 즐거움과 만족을 제공할 수 있다는 점이다. 즐거움의 역할은 정서적 웰빙의 핵심요소로서 인식되고 있다. 재미와 즐거움이 건강혜택에 직접적이고 긍정적인 영향을 미친다는 부차적인 증거로서 과학자들은 최근에 사교활동에 참여하거나 낚시 또는 조깅 등의 사소하고 일상적인 경험조차 인간의 면역체계를 강화시키는데 효과가 있다고 보고하고 있다.

2) 사회적 가치

여가는 자연스러운 사회관계속에서 각자의 위치를 지각하게 하고 사회적 역할을 배우게 하며, 인간관계의 조화적 태도와 기술을 익히게 하는 사회적 기능을 갖는다. 여가활동이 개인적인 발달에 도움을 주는 또 다른 중요한 영역은 건강한 사회화 영역이다. 오늘날의 많은 성인들은 그들의 주요한 사회적 접촉과 대인관계가 직업생활에서 이루어지는 것이 아니라 여가시간동안 자발적인 집단모임에서 이루어진다는 것을 잘 알고 있다. 특히 윈드서핑과 같은 극한스포츠 프로그램은 참여자들에게 순응하는 것을 반드시 배워야하고 자기 자신의 사회적 발달에 도움을 줄 수 있는 일련의 사회적 규범, 역할 및 관계를 부과한다. 자신이 선택한 방식대로 도보여행을 하고, 캠핑을 즐기거나 황무지를 탐험하는 비교적 자유로운 옥외 레크리에이션의 환경에서조차 참여자들 간의 상호작용은 체험의 핵심요소 중의 하나이다.

어린이들에게 놀이집단들은 협동과 경쟁기술들을 모두 발달시키는 현실적인 훈련토양을 제공한다. 집단참여를 통하여 아동들은 다른 아이들과 상호작용하는 방법을 배우고 집단의 규칙과 소망을 따라야 하는 것을 배운다. 그리고 필요한 경우에는 자기 자신의 견해와 희망을 집단의 다른 아이들의 견해와 소망으로 대체할 수도 있다는 것을 배워야 한다. 그들은 주고받는 것을 배우고, 리더를 맡기도 하고 다른 사람의 지도를 따르기도 하여야 하며, 팀 구성원으로서 효과적으로 공동 노력하는 법도 배워야 한다.

윌커슨과 도더(Wilkerson & Dodder, 1979)는 스포츠가 한 사회의 문화적 기풍을 반영하는 하나의 제도이며, 참여자들에게 규범적 가치유형을 수용하도록 사회화시키는데 도움을 준다고 논평하였다. 그들은 스포츠가 정서적 성숙, 도덕적 가치, 독립독행, 자기희생, 시민정신, 권위에 대한 존경, 민주적 이상, 정신건강, 학술적 성공, 경쟁정신, 용감성 등과 같은 자질들을 유발하거나 강화하는 공로자로 생각된다고 말했다.

이와 유사하게 프레이와 매센게일(Frey & Massengale, 1988)은 학교스포츠와 상관이 있는 가치들은 현대사회에서 널리 용인되는 가치들이라고 지적하였다. 그러한 가치들로는 탁월성 경쟁, 성취, 겸손, 충성, 자기통제, 권위존중, 자기훈련, 각고의 노력, 지연된 만족 등이다. 그러나 이 학자들은 현대의 학교스포츠의 구조는 더 이상 이러한 가치들을 고취시키지 못하고 있다고 주장하였다. 따라서 윈드서핑이나 요트와 같은 해양스포츠를 통하여 진취적인 가치를 고양하고 자기훈련과 자기통제의 덕목을 터득할 수 있다면 지배적인 가치체계를 올바로 함양할 수 있을 것이다.

3) 생리적 가치

스포츠가 아닌 여가나 건강을 위한 운동은 전신을 이용하고 훈련이 일어날 수 있는 정도의 강도와 운동시간이 필요하며, 지속적인 운동의 효과를 유지하거나 향상시키기 위해서는 점진적인 운동부하의 원리를 적용하면서 개인에 따른 개인차를 고려하여야 한다.

윈드서핑은 근력, 근지구력, 조정력, 평형력, 유연성, 민첩성 등의 체력요소가 다양하게 요구되고 운동부하가 전신에 작용함으로써 운동의 생리적 효과가 매우 큰 운동이다. 윈드서핑 활동에 참여함으로서 근육, 골격계, 심혈관계 및 호흡계의 변화가 일어나고 심장병, 당뇨병, 비만증과 같은 성인병 위험인자를 효과적으로 줄여줄 수 있다.

먼저 규칙적인 윈드서핑 활동은 근 골격계에 변화를 주게 된다. 근력운동을 하면 훈련 몇 주 만에 훈련 전 근력에 비하여 20~40%정도 증가한다. 12주 정도의 훈련을 받으면 등척성 근력은 약 25%정도가 증가하고 근섬유의 비대가 일어난다. 특히 지구력 훈련은 유산소성 대사에 필요한 효소들의 활성을 증가시켜 유산소 능력이 향상되며, 산소소비능력과 탄수화물과 지방의 산화능력이 증가되어 피로가 지연된다. 또한 윈드서핑 운동의 특성상 장시간의 활동을 하게 되는데, 골격근에 근글리코겐의 저장량이 증가하여 에너지 동원능력이 훨씬 좋아진다. 상완이나 대퇴 및 하퇴부의 근력, 지구력 훈련은 근육을 고정시키는 건과 인대를 강하게 함으로써 부상의 위험성을 줄여주는 효과를 낸다.

윈드서핑을 규칙적으로 타게 되면 골밀도가 증가하고 뼈가 굵어짐으로 골다공증도 예방할 수 있는 효과를 얻을 수 있다. 또한 윈드서핑을 지속적으로 하면 산소를 활동근에 충분히 공급하기 위한 일련의 심폐계의 변화가 일어난다. 심폐계는 순환계와 호흡계를 말하는데 이들 기관은 대기 중의 산소를 활동근까지 전달하는 역할을 한다. 윈드서핑과 같은 유산소성 지구력 운동을 하면 나타나는 안정시의 순환계의 변화로서는 심장크기의 증가, 심박수의 감소, 심박출량의 증가, 혈액량과 헤모글로빈의 증가 등이다. 운동중의 변화로서는 근육혈류량이 감소하지만 산소소비량에서는 변화가 일어나지 않는데, 이는 혈액내에 있는 산소를 더 많이 근육에서 추출하여 사용하기 때문이다. 장시간 지구성 운동을 하면 근육내의 마이오글로빈의 함량이 증가하여 해리(dissociation)된 산소와 더 많이 결합하여 세포내의 산화능력을 향상시켜준다. 따라서 운동시 근육혈류량이 감소하더라도 훈련전보다 더 많은 산소를 추출해 사용할 수 있으므로 혈류량 감소에 의한 산소운반을 보충하게 된다.

최대강도로 운동할 때 훈련 후의 효과는 최대산소섭취량의 증가, 근육에서의 젖산 생성량이 증가하는 것을 들 수 있다. 또한 지구성 운동을 하면 호흡계에도 변화가 일어나는데, 폐용적의 증가와 이에 따른 폐용량의 증가를 들 수 있다. 폐활량이 증가는 폐용적의 증가이외에 흡기근육의 강화로 인한 흡기용량의 증가도 가져오게 된다. 윈드서핑과 같은 지구성 운동은 폐확산 용적을 증가시키기도 하는데, 모세혈관과 폐포간의 산소확산 능력이 증가하여 더 많은 산소가 혈액과 결합할 수 있도록 해준다.

이외에도 평형능력을 향상시켜줄 수 있다. 평형성(balance)은 신체의 안전성을 유지하는 능력으로서 관절감각과 근육감각에 의한 근육의 지각반응과 시간반응 등의 여러 요소에 의해서 생기는 균형정도를 의미한다. 공간에 있어서의 머리의 위치나 전진 및 회전 운동의 속도 등을 지각시키는 평형 감각 기관에 의하여 운동 중의 안정성을 유지하는 기능이다. 평형성은 정적인 것과 동적인 것이 있는데, 직립유지의 능력은 정적 평형성이며, 운동 동작 중의 자세, 폼의 유지, 넘어지지 않는 것, 한계에 다다른 균형 상태에서의 복원력 등은 동적 평형성인데, 윈드서핑은 동적인 평형성을 신장시킬 수 있는 최적의 운동이다.

4) 교육적 가치

여가교육은 여가 참여자 개인에게 적절한 여가활동을 선택할 수 있도록 올바른 정보를 제공해주는 과정이며 실천을 의미한다. 전통적으로 여가교육은 방과후에 또는 정해진 노동이 끝난 후에 참여하기 위한 과정을 의미한다. 이러한 여가교육의 특징에 따라 자유 시간을 어떻게 효과적으로 사용하는가에 대한 문제가 과거 여가교육의 핵심적인 내용이었으나, 현대의 여가교육은 시간 사용에 관한 문제보다는 여가에 참가하는 개인들에게 적절한 여가 장소에 대한 정보를 제공해 주고, 그에 대한 의사결정을 원활하게 하며, 그리고 여가시설을 적절히 사용할 수 있는 기술 습득의 과정(process)을 중요시하는 경향으로 바뀌고 있다.

여가교육은 일반적으로 세 가지 목표 가치를 가지고 있다(Edginton, DeGraaf, Dieser, & Edginton, 2006). 우선 개인으로 하여금 자신의 흥미와 적성을 표현하고, 전반적인 능력과 잠재력을 개선시킬 수 있는 기회를 영유할 수 있도록 유도하여 개인의 여가권리(the right of leisure)를 스스로 찾아가도록 도와주는 것이고, 둘째, 자신의 선호도와 독특한 능력을 표현할 수 있는 경험을 스스로 결정하는 자기결정(self-determination)의 능력을 함양하는데 있으며, 셋째, 즐겁고 만족스런 인생의 경험을 지각하게 함으로써 궁극적으로 개인의 삶의 질(quality of life)을 고양시키는 데 목표가 있다. 즉, 개인의 원활한 여가생활과 삶의 질 향상이라는 궁극적인 목표를 전제로 시행된다(고동우, 2009).

여가의 기능 중 하나는 개인의 지적능력을 향상시키는 것임으로 여가의 목표와 교육의 목표는 일맥상통하는 점이 있다. 현대사회는 여가를 향유할 수 있는 권리가 보장되어 있다. 여가향유 능력을 터득함으로써 다양한 여가체험을 만족스럽게 할 수 있고, 또한 세일링 스포츠와 관련된 다양한 기술들을 터득함으로써 이러한 현대사회의 여가향유권리를 좀 더 폭넓게 즐길 수 있게 된다. 윈드서핑 및 해양과 관련된 지식, 자연과의 교감형성, 바람과 파도에 대한 이해, 윈드서핑 추진과 진행의 원리에 대한 지식을 얻음으로서 윈드서핑과 관련된 핵심정보를 터득할 수 있을 뿐만 아니라 창조적인 발상을 통한 기술진보가 가능해진다. 윈드서핑 기술은 다양할 뿐만 아니라 새롭고 창의적인 동작들이 신생하는 모험스포츠이다. 스포츠도 항상 연구하고 노력함으로써 새로운 기술발전과 기량향상이 촉진되는 것처럼 윈드서핑도 부단한 노력을 하고 이론적 지식체계를 갖춤으로서 여가를 향유할 수 있는 기술을 터득할 수 있게 된다.

5) 도덕적 가치

레크리에이션과 레저가 인간의 건강한 성장과 웰빙에 중요한 기여를 하는 마지막 영역은 영적부문이다. 영적(spiritual)이라는 용어는 보통 종교와 동의어로 취급되지만, 여기서는 인간성의 고매한 특성을 나타내는 재능을 의미한다. 즉, 도덕적 가치의식, 동정심, 타인존경과 지구사랑의 의식을 의미한다. 영성은 인간 내면의 감정발달과 연계되어 있으며, 질서의식, 생활의 목적, 타인을 돌보는 데 전념하고, 인간존재의 모든 측면에 대하여 책임의식을 갖고 행동하는 것과 관련이 있다.

피퍼(Pieper)와 동료들은 여가시간에 사람들은 자기 자신을 완전하고 최상으로 표현할 수 있다고 제안하였다. 여가는 명상의 시간일 수도 있고, 궁극적 가치들을 숙고할 수 있는 시간일 수도 있으며, 사욕이 없는 활동을 할 수 있는 시간일 수도 있다. 이러한 여가활동은 사람들로 하여금 인간으로서 진솔하게 협동하면서 관심을 공유하고 즐거움, 헌신, 개인적 성장, 미학적 표현, 자연 및 기타 생활국면을 탐색할 수 있다는 것을 의미한다.

서양에는 '스포츠는 인성을 길러준다' 라는 회자명구화 된 표현이 있으며, 경험적으로 검증된 하나의 생활속 진리로서 인정받는 상투적 표현이다(최의창,

2010). 실존주의 철학자인 카뮈(A. Camus)는 '윤리에 관한 모든 것을 스포츠에서 배웠다'라는 말을 남겼다(송형석, 이학준 역, 2006). 이는 스포츠를 통해 스포츠맨십과 페어플레이 정신과 같은 도덕심 함양이나, 자신과 타인을 배려하는 윤리적 가치와 태도를 형성시킬 수 있음을 의미하는 것이다. 즉 스포츠의 참여는 인간적인 삶의 구현을 가능케 할 뿐만 아니라, 스포츠 활동과정에서 발현된 스포츠맨십은 다시 스포츠를 한층 고급적인 문화로 승화시킬 수 있는 계기를 부여하게 된다(이승훈, 김동규, 2013).

윈드서핑 경기규칙에도 스포츠퍼슨십, 시맨십(seamanship), 좋은 매너, 세일링 스포츠의 매너에 대한 세일러 또는 윈드서퍼들이 지켜야 할 윤리강령이라는 덕목들이 있다. 약자에 대한 배려는 박애주의 사상의 구현을 의미하는 것으로서 위험에 빠진 사람을 구해주어야 한다는 의무는 바로 시맨십의 발현으로 가능한 것이다. 또한 상대방을 존중할 줄 알고 결과에 대해서 정정당당하게 승복할 줄 아는 페어플레이 정신, 공동체 의식, 지식과 기술을 공유하는 정신은 공동체의 이익과 사회 번영과 행복을 추구하는 헌신의 덕목을 터득할 수 있도록 해준다. 자기희생과 절제의 덕목 또한 윈드서퍼들이 추구해야 할 윤리의식이다. 겸손한 자세, 타인의 주장을 받아들이고 존경할 줄 아는 사람이야말로 시맨십을 준수하는 윈드서퍼라 할 수 있다. 그러나 이러한 정의적 가치가 하루아침에 함양될 수는 없다. 지속적이고 반추적인 자세로서 인간적 덕목을 추구하려는 노력을 경주하여야 한다.

※ 연 습 문 제 ※

1. 윈드서핑의 장점에 대해 3가지 이상 설명하시오.

2. 윈드서핑만의 매력이 무엇인지 작성해보시오.

3. 윈드서핑의 가치에 대해 간략히 설명하시오.

윈드서핑의 환경적 요인

제3장에서는 윈드서핑의 환경적 요인에 대해서 소개하고 있다. 윈드서핑은 바람을 주 동력원으로 하여 파도와 조류가 있는 바다 위에서 즐기는 해양스포츠의 꽃이라 할 수 있다. 따라서 요트를 안전하게 즐기려면 바람과 파도, 조수와 조류 등 자연환경을 이해하는 것이 매우 중요하다. 윈드서핑을 시작하기 전에 바람의 방향과 속도 및 세기는 물론 파도의 종류와 조류 등을 알려주는 기상예보와 지역의 기상 상태를 면밀히 체크해야 한다.

♣ 바람
♣ 파도
♣ 조수와 조류
♣ 지역별 기후

1. 바람(Wind)

1) 바람의 발생원인

바람은 지표면에 대한 공기의 상대적인 움직임으로서 대기압의 수평 또는 수직경도에 의해 발생되기 때문에 바람의 분포는 기압의 분포와 관련되어 있다. 등압선이 표시된 일기도에는 고기압과 저기압이 표시된다. 높은 곳에서 낮은 곳으로 흐르는 물과 같이 바람은 저기압과 고기압의 주변부에서 분다.

기압차가 생기는 원인은 여러 가지가 있지만 일반적으로 기압차가 생기는 원인 중 소규모인 것은 바다와 육지가 햇빛에 의해 따뜻해지는 정도가 다른 것과 같이 수열량의 차이에 의해 생기는 것이고, 국지적인 것은 기압이 높은 곳에서 낮은 곳을 향해 불어가는 것이다. 그러나 일기도에서 볼 수 있는 고기압 · 저기압에 수반되는 대규모의 기압차는 위도(극지방과 적도지방)에 따른 기온차가 기압차를 일으키는 원인이 되거나 지구의 자전에 의한 전향력(coriolis force)이 공기에 작용되기 때문이다.

전향력이란 지구의 자전에 의해서 어떤 장소의 방향이 변하기 때문에 생기는, 운동방향과 직각방향으로 작용하는 가상적인 힘이며, 이 힘을 고려함으로써 지구가 정지해 있는 것으로 생각하고 지구상의 바람을 말할 수 있다. 바람은 두 지점간의 기압차가 생길 때 그 차이에 의한 힘으로 공기가 움직여서 생긴다. 대기운동의 수직성분은 특히 지표면 부근에서 비교적 작으므로 기상학자들은 주로 대기운동의 수평성분만을 바람이라는 용어로 쓰고 있다.

바람의 크기와 방향은 뉴턴의 제2운동법칙인 가속도 법칙과 관련이 있다. 기압경도력, 중력, 마찰력, 원심력 등 2, 3가지 힘의 균형으로 결정되며, 지균풍(geostropic wind), 경도풍(gradient wind), 선형풍(cyclostropic wind) 및 지상풍(surface wind) 등으로 나타난다. 바람의 형태로는 대기 대순환풍, 계절풍, 국지풍, 난류 등으로 구분된다.

지구상을 둘러싸고 있는 대기의 순환은 매우 큰 규모의 대기이동으로서 편동풍(무역풍 · 극풍) · 편서풍 · 제트류 등이 있고, 우리 주위에서 일어나는 작은 규모의 대기 순환으로서는 육풍과 해풍, 산바람과 골바람 및 한국 특유의 국지바람인 양간지풍이 있다. 우리나라는 위도가 비교적 낮고 삼면이 바다로 둘러싸인 반도임에도 불구하고 같은 위도상에 있어서 대륙 내부를 제외하면 세계적인 저온지역을 형성하고 있다.

2) 바람의 방향

무더위가 기승을 부리는 여름철에 바닷가에 서 있으면 바람이 얼굴을 스쳐 지나간다. 일반적으로 낮에는 육지가 바다보다 빨리 데워진다. 그래서 육지에 서는 공기가 올라가 저기압이 되고, 반대로 바다에서의 차가운 공기는 고기압 이 된다. 따라서 바람이 바다에서 육지로 불게 된다. 이러한 바람을 해풍이라 고 한다. 하지만 밤이 되면 상황이 달라진다. 햇빛이 사라지면 육지 위의 공기 는 온도가 급격히 떨어지지만, 해수면의 공기는 온도 변화의 차이가 별로 없 다. 따라서 차가운 육지의 공기가 쌓여 고기압이 되고, 상대적으로 따뜻한 바 다 위의 공기는 저기압이 되어 바람이 육지에서 바다로 불게 된다. 이러한 바 람을 육풍이라고 한다.

육풍과 해풍은 여름철에 두드러지게 볼 수 있는 현상으로서 바람이 약한 여 름철에 육지와 바다의 수열량차이 즉 온도차에 의해 해안지방에서 낮에는 바 다에서 육지로 해풍이, 밤에는 육지에서 바다로 육풍이 불게 된다. 산바람과 골바람도 산꼭대기와 골짜기의 수열량 차이 때문에 생기는 바람으로서, 낮에는 산허리를 따라 골짜기로부터 산꼭대기로 골바람이 불어 올라가고, 밤에는 이와 반대로 산바람이 산허리를 불어 내리며, 겨울철에 잘 발달한다. 육풍과 해풍, 산바람과 골바람은 다 같이 밤·낮으로 바람 방향이 바뀐다. 만약 이 바람이 변동을 일으켰을 때에는 날씨변화의 징조가 된다.

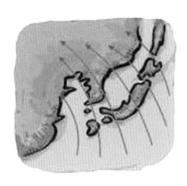 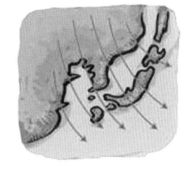

여름철   **겨울철**

〈그림 3-1〉 바람의 방향

그렇다면 과연 계절에 따라서도 바람의 방향이 다를까? 우리나라는 삼면이 바다로 둘러싸여 있어서, 여름철과 겨울철에 부는 바람의 방향이 서로 다르다.

여름에는 현저한 고온 현상을 나타내기 때문에 연교차가 매우 커서 완연한 대륙성 기후를 형성하게 된다. 그로 인해 우리나라의 봄과 여름엔 주로 남동풍이 불고 가을과 겨울엔 북서계절풍이 분다. 왜냐하면, 여름철에는 육지가 빨리 데워져서 해양에서 대륙 쪽으로 덥고 습한 바람이 불게 되는데 해양은 우리나라의 남동쪽에 있기 때문에 여름에는 남동풍이 자주 불게 된다. 반면에 겨울철은 육지가 빨리 식기 때문에 대륙에서 해양 쪽으로 차고 건조한 바람이 불게 된다. 겨울철에 바람이 강한 것은 대륙과 해양의 온도 차이가 크기 때문이다. 시베리아 벌판은 영하 50℃ 가까이 기온이 떨어져 있지만, 북태평양은 영상 20℃를 넘으며 우리나라 주변의 해양도 영상 10℃ 이하로 떨어지는 경우가 드물다. 이와 같이 시베리아 벌판과 북태평양 사이의 온도 차이가 강한 바람을 만든다. 따라서 대륙은 우리나라의 북서쪽에 있기 때문에 겨울에는 주로 북서계절풍이 분다.

우리나라에서의 계절풍을 조사한 바에 따르면, 11~3월 사이에는 북서계절풍이 불고, 5~9월 사이에는 남동계절풍이 불며, 환절기인 4월과 10월경에는 특히 뚜렷하게 나타나는 바람의 방향이 없다. 우리나라의 봄은 일 년 중 가장 건조하다. 건조할 때는 지역 간 약간의 기압 차이가 생기더라도 큰 바람의 원인이 된다. 그러므로 대륙에서도 건조한 곳이라면 큰 바람이 불 수 있다. 우리나라에서는 해안이나 높은 산지에서나 볼 수 있다. 겨울계절풍은 풍력이 강하고 한랭건조한 데 비하여 여름계절풍은 풍력이 약하고 고온다습하여, 겨울에는 몹시 춥고 여름에는 몹시 무더운 날씨를 나타낸다.

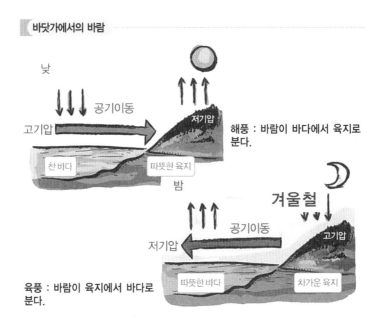

바닷가에서의 바람

낮

공기이동

고기압

찬바다   따뜻한 육지

저기압

해풍 : 바람이 바다에서 육지로 분다.

밤

겨울철

공기이동

저기압

고기압

육풍 : 바람이 육지에서 바다로 분다.

따뜻한 바다   차가운 육지

〈그림 3-2〉 바람의 종류와 특성

2) 바람의 종류와 특성

해풍(on-shore wind)

바다로부터 육지 쪽으로 부는 바람이다. 윈드서핑은 바람이 불어오는 쪽과 반대방향으로 밀리기 때문에 초보자라도 안심하고 세일링을 즐길 수 있다. 바람이 강할수록 해안가에서 부서지는 파도(shore break)가 커지기 때문에 해안에서 출발하기가 어려워진다.

육풍(off-shore wind)

육지에서 바다 쪽으로 부는 바람이다. 해수면은 잔잔해 보이지만, 해안가에서 먼 바다로 갈수록 바람의 힘이 강해지고 파도가 커져서 해안으로 다시 돌아오기가 어렵기 때문에 초보자는 특히 주의해야 한다.

측면풍(side-shore wind)

해안선과 평행으로 부는 바람이다. 해안가에서 바다로 진입하거나 서퍼들이 파도타기에 가장 좋은 바람이다. 초보자는 너무 먼 바다로 나가지 않도록 주의해서 세일링한다면 안전하게 즐길 수 있다.

사선풍(cross-shore wind)

사선풍은 해안선을 기준으로 대각선 방향에서 부는 바람이다. 해안선을 기준으로 대각선 방향에서 바다로부터 불어오는 바람은 크로스 온 쇼어(cross-on shore), 바다 쪽으로 불어오는 바람을 크로스 오프 쇼어(cross-off shore)라 한다. 사선풍에서는 비치 스타트(beach start)를 통해 바다로 나아갈 수 있다.

3) 바람의 세기

윈드서핑은 무풍(바람이 전혀 불지 않을 때)이거나 너무 강해도 곤란하다. 일반적으로 바람의 속도가 증가하면 바람이 가진 힘, 즉 바람의 세기가 강해진다. 바람이 강할수록 윈드서핑의 속도도 빨라지기 때문에 세일링의 즐거움과 쾌감을 만끽할 수 있다. 그러나 바람이 너무 강하면 윈드서핑 조작이 어려워지고 경우에 따라서는 마스트나 세일, 붐 등의 장비가 파손되기 쉬우며, 세일링 중 상해의 위험성도 증가하게 된다.

윈드서퍼라면 신문, TV, 전화 및 휴대폰 서비스 등을 이용하여 당일의 날씨 정보를 사전에 얻을 수 있다. 현지에 사는 어부나 어른들에게 여쭤어 볼 수도 있다. 풍속계가 없을 때에는 요트의 마스트 탑에 달린 바람개비나 세일에 달아둔 풍향포(telltale), 마리나(marina) 게양대에 걸린 깃발, 수면상태, 굴뚝의 연기, 구름의 이동이나 수목의 움직임, 세일이 달린 배의 움직임 등을 관찰하여 바람의 방향과 세기를 파악하는 습관을 길러두는 게 중요하다.

영국의 해군제독 보퍼트(F. Beaufort)가 고안한 '보퍼트 풍력계급표'를 이용하는 것도 세일링 중의 안전 확보와 세일링 능력향상에 매우 큰 도움이 된다. 보퍼트 계급은 바람의 강도를 표시하는 계급이다. 계급번호가 클수록 풍속이 강하다. 이것은 1805년 영국 해군제독인 보퍼트가 해상에서 사용하기 위하여 만든 것이다. 이후에 이 풍력계급은 다양한 효과에 따라 추가되고 분류되어 육상에서도 사용할 수 있게 되었으며, 1947년 제12회 국제기상대장 회의에서 승인되었다. 현재 널리 사용되고 있는 것은 1964년에 개정한 것으로 계급 13~17은 삭제되어 0부터 12까지 13개의 풍력계급으로 이루어져 있다. 폭풍주의보는 풍력계급 7(13.9~17.1m/s) 이상, 폭풍경보는 풍력계급 9(20.8~24.4m/s) 이상이다. 계급번호가 커질수록 풍속이 강하다.

<표 3-1> 보퍼트 풍력 계급표

풍력계급	명칭	지상10m 상당풍속		파고 (최대)	해상	육상
		Knot	m/s	m		
0	고요 calm	⟨1	0~0.2	0(0)	평온	연기는 수직으로 올라감.
1	실바람 light air	1~3	0.2~1.5	0.1(0.1)	작은 물결	풍향은 연기로 알 수 있으나 풍향계는 움직이지 않음.
2	남실바람 slight breeze	4~6	1.6~3.3	0.2(0.3)	물결이 작게 일고, 파도의 마루가 부서지지 않고 모양이 뚜렷함.	바람이 얼굴에 느껴지고 나뭇잎이 흔들리며 풍향계도 움직이기 시작함.
3	산들바람 gentle breeze	7~10	3.4~5.4	0.6(1.0)	물결이 커지고 물거품이 생겨 흰 파도가 간간이 보임.	나뭇잎과 가는 가지는 계속 흔들리고 깃발이 가볍게 휘날림.
4	건들바람 moderate breeze	11~16	5.5~7.9	1.0(1.5)	파도는 높지 않으나 폭이 넓어지고 흰 파도가 많아짐	먼지가 일고 종이조각이 날리며 작은 가지가 흔들림.
5	흔들바람 fresh breeze	17~21	8.0~10.7	2.0(2.5)	파도의 폭이 길어지며, 전 해면이 흰 파도가 많이 나타나 물거품이 생기기 시작함.	잎이 무성한 작은 나무 전체가 흔들리고 강에 잔물결이 발생함.
6	된바람 strong breeze	22~27	10.8~13.8	3.0(4.0)	큰 파도가 일기 시작하고 흰 파도가 전 해면을 덮고 물보라가 생김.	큰 나뭇가지가 흔들리고 전선이 흔들리며 우산 받기가 곤란함.
7	센 바람 near gale	28~33	13.9~17.1	4.0(5.5)	파도에 만들어진 물거품들이 바람에 날려 떠내려감.	나무 전체가 흔들리고 바람을 받고 걷기가 곤란함.
8	큰바람 gale	34~40	17.2~20.7	5.5(7.5)	파도가 상당히 높아지고 파도 꼭대기에서 물보라가 날림	잔가지가 꺾어지고 바람을 안고 걸을 수가 없음.
9	큰센바람 strong gale	41~47	20.8~24.4	7.0(10.0)	파도가 더욱 높고 물보라 때문에 시계가 나빠짐	건축물에 다소 손해가 발생
10	노대바람 storm	48~55	24.5~28.4	9.0(12.5)	파도가 굉장히 크고 높으며 거품 때문에 바다전체가 희게 보인다. 시계가 더욱 나빠짐	수목이 뿌리채 뽑히고 건축물에 큰 피해가 발생함.
11	왕바람 violent storm	56~63	28.5~32.6	11.5 (16.0)	산더미 같은 파도가 일고 흰 물거품으로 바다전체가 뒤덮이며 시계가 훨씬 나빠짐	건축물에 큰 손해가 발생함.
12	싹쓸바람 hurricane	64≦	32.7≦	14.0(-)	해상 전체가 물거품과 물보라로 뒤덮어 흰색으로 변하고, 시계는 지척을 분간할 수 없음.	보기 드문 큰 피해가 발생함

각 계급 B와 상당풍속 V m/s와의 관계는 다음의 경험식으로 나타낸다. V=0.836B3/2. 보퍼트 풍력계급표에 의하면 거의 무풍상태(0.0~0.2m/s)가 풍력계급 0이며, 태풍(32.7m/s 이상)의 경우가 풍력계급 12의 가장 높은 계급으로 모두 13개의 풍력계급이 있다. 즉, 0 고요(calm), 1 실바람(light air), 2 남실바람(slight breeze), 3 산들바람(gentle breeze), 4 건들바람(moderate breeze), 5 흔들바람(fresh breeze), 6 된바람(strong breeze), 7 센바람(moderate gale), 8 큰 바람(fresh gale), 9 큰 센바람(strong gale), 10 노대바람(whole gale), 11 왕바람(storm), 12 싹쓸바람(hurricane)이다.

폭풍주의보의 발표기준이 되는 풍속은 풍력계급 7(13.9~17.1 m/s) 이상이며, 폭풍경보는 풍력계급 9(20.8~24.4 m/s) 이상이다. 풍력은 바람이 물체에 미치는 힘이며, 이와 비슷한 용어로 풍압이 있다. 풍압은 물체의 모양에 따라 달라진다. 예를 들면, 유선형의 물체에 비해서 바람을 받고 있는 반구에는 약 5배의 풍압을 받는다. 따라서 모양이 복잡한 보통의 물체는 큰 풍압을 받게 된다.

일반적으로 보퍼트 풍력계급 1~3까지의 바람에서는 초보자가 연습하기 적당하고, 3~4의 바람은 중급자, 4~6의 바람은 고급자에게 적당한 바람 상태라 할 수 있다. 보퍼트 계급 7의경우도 세일링의 가능하나 체력과 기술이 최상의 경지에 이르고 웨이브 세일링(wave sailing)이 가능한 서퍼만이 도전할 수 있는 자연환경 조건이 된다.

2. 파도(Wave)

1) 파도의 발생원인

인간이 바다에 접근하여 가장 먼저 관찰할 수 있는 것이 파도(wave)인데 파랑(billow)이라 부르기도 한다. 파도 또는 파랑은 바다나 호수, 강 등에서 바람에 의해 이는 물결을 말한다. 파도는 바람의 에너지를 받아 발생한다. 바람이 불기 시작하면 해면에 국지적으로 잔물결(ripple)이 일어나고, 지속적인 폭풍에 의해 대양파로 발달하면 대양을 건너 전파되기도 한다. 파도의 발달은 바람의 세기, 지속시간, 그리고 바람이 부는 해면의 넓이와 수심의 영향을 받으며, 바람의 주기적인 변동 상태에도 영향을 받는다. 즉 풍속이 클수록 파도도 높다. 그러나 단시간의 강한 돌풍보다는 약하더라도 오랫동안 지속적으로 부는 바람이 파고를 높게 만든다.

파도는 유체역학적으로 자유표면에서 발생하는 표면파이며, 바람이 유체 표면의 넓은 면적 위를 불어 지나감으로써 생긴다. 대양의 파도는 육지에 부딪히기까지 수천 킬로미터를 여행할 수 있다. 보통 '파랑'은 잔물결에서 30m 규모의 큰 물결까지 통칭하는 말이며, 큰 물결을 주로 파도라고 하지만 모두 바람이 원인인 "Wind wave"의 개념이다. 연안에서 관찰되는 파도의 대부분은 바람에 의해 생기고, 대양을 가로질러 해안에 이르는 파도는 연안에서 부서지며 돌과 자갈을 닳게 한다. 결국 파도는 해안의 모습을 쉴 새 없이 변화시킨다. 바람이 영향을 받는 파도는 바다 표면뿐만 아니라 수중에도 존재한다. 이러한 파도는 인간 생활에 도움을 주기도 하지만 종종 피해를 주기도 한다. 예를 들면, 바람이 육지에서 불어오고 있어서 바다에는 파도가 발달하지 않았을 것이라 생각하고 윈드서핑을 타고 육지에서 멀리 떨어진 바다로 나가면 예상보다 높은 파도를 만나 표류하는 경우를 종종 볼 수 있다.

요약해보면, 파도란 해면상의 모든 점에서 물 입자의 상하운동이 순차적으로 전해지는 현상이다. 이 상하 방향의 운동이 규칙적이면 파도의 모양도 일그러지지 않고 규칙적으로 안정된다. 파정(wave crest)으로 불리는 파도의 제일 높은 곳과 파저(wave trough)로 불리는 제일 낮은 곳의 높이차를 파고(wave height)라 하고, 파정에서 파정까지의 길이를 파장(wave length)이라 부른다. 또 어떤 점이 파정이 되었다가 다음에 또 파정이 될 때까지의 시간을 파주기(wave period)라 한다. 파도의 성질은 이러한 파고, 파장, 주기, 그리고 파도의 방향을 더한 네 가지의 값으로 대부분 나타낼 수 있다.

실제로 바다에서 만나게 되는 파도는 호수와 같이 잔잔한 수면에 일정한 바람이 계속 불었을 때 나타나는 파도처럼 단순하지 않으며, 여러 종류의 파도가 혼합된 파도라 할 수 있다. 파도의 방향이나 파고, 파장, 주기에 이르기까지 서로 다른 여러 파도가 합성되어 평균 파고의 1.5배 이상 되는 높은 파도나 주기성이나 방향성을 감지할 수 없는 삼각파(triangular wave)가 발생하기도 한다. 또한 수심이 깊은 곳에서 얕은 곳으로 파도가 진행하는 경우나 파정의 기울기가 너무 급해진 경우에는 파정이 붕괴하게 되는데 이러한 현상을 쇄파(wave breaking)라 한다. 이러한 쇄파는 세일링을 어렵게 할 수 있으며, 요트나 선박 전복사고의 주 원인 중 하나로 대단히 위험하다 할 수 있다.

해역의 표면파는 바람의 영향에 따라 해파(sea wave), 너울(swell), 쇄파(surf : 부서지는 파도)로 구분한다. 특히 이중 해파는 바람에 의해 직접 생긴 모든 표면파의 총칭으로, 각각의 파형은 대체로 뾰족한 마루(crest)와 둥근 골(trough)을 갖지만 모양과 양상이 다양하고 복잡하게 중첩된 형태를 보인다. 따라서 해면의 상태를 관찰하여 바람의 세기를 추정할 수 있다.

파도에 대해서 좀 더 자세히 알기 위해서는 조석이나 달과 지구 등 여러 가지 과학적인 방법으로 접근을 해야 한다. 그러나 파도를 형성하는 가장 큰 요인은 바람이라 해도 과언이 아니다. 파도는 바다 표면이 바람으로 인하여 받을 수 있는 에너지의 양이 변할 때, 즉 바다 표면이 거칠어질 때 생긴다.

2) 파도의 크기

파도의 크기는 마루와 마루 사이의 폭이나 골과 골 사이의 깊이로 정해진다. 비록 파도가 약하더라도 오랫동안 지속적으로 바람이 불면 파고는 점점 커지게 된다. 다시 말해 파도의 크기는 바람의 속도, 바람이 계속 분 시간, 바람이 불어온 거리에 의해 결정된다. 바람이 강하고 불어온 거리가 길수록 파도는 크게 인다. 기록에 의하면 가장 큰 파도는 약 34m나 되었다고 한다. 그 외에 폭풍 해일에 의한 파도나 지진 해일에 의한 파도, 강력한 태풍에 의한 파도 등 다양하게 발생하고 있지만, 간간이 우리 인간이 알아차릴 수 없을 정도로 순간적으로 발생하는 거대 파도가 대형 선박을 수장시키는 일도 일어난다.

파랑(풍랑)

파도는 일반적인 명칭이고 해양학이나 기상학에서는 파랑이란 말을 사용한다. 파랑은 바다의 표면 교란을 나타내는 것으로 바닷물의 표면운동을 뜻한다. 즉, 바닷물의 '출렁임'이라는 뜻이다. 파랑이 있다고 하여 바닷물이 이동해 가는 것은 아니고 에너지가 전달되는 것이다. 파랑의 발생 원인은 바람과의 마찰, 지진에 의한 지각교란 등이 있다. 바람에 의해 발달한 파랑을 따로 풍랑이라고 부른다.

너울(Swell)

너울(swell)은 풍파(wind wave)가 바람이 불고 있는 해역을 떠나 직접적으로 바람의 영향을 받지 않는 해역에서 발생하는 해파(sea wave)를 말한다. 즉, 풍랑이 바람이 없는 다른 지역으로 전해진 것을 너울이라고 부른다. 너울은 일반적인 파도에 비해 파장이 길어져 마루와 골이 둥글고 사인 곡선(sine curve) 형태로 진행되며, 그 간격이 길다는 특징을 가지고 있다. 우리나라 남해안이나 제주도에서 태풍의 내습에 앞서 너울이 먼저 전달되어 오는 것은 너울의 진행 속도가 태풍의 진행 속도보다 빠르기 때문이다(윤경철, 2009). 너울은 일반적인 파도와 같은 삼각파가 보이지 않으므로 간과하기 쉽지만 위력이 강하여 가끔 안전사고를 일으키기도 한다.

파도가 해안으로 밀려올 때, 먼 바다의 해수가 해변에 퇴적하고, 이것이 해변의 어느 장소에 모였다가 먼 바다 쪽으로 되돌아가는 흐름이고, 이를 역조라고도 부른다. 일반적으로 파도가 해안으로 밀려올 때, 파도의 질량수송 작용의 결과로 먼 바다의 해수가 해변에 퇴적하여, 이것이 해변의 어느 장소에 모였다가 먼 바다 쪽으로 되돌아가는 흐름이 된다. 이 흐름이 이안류이며, 유속은 빠른 데서는 초속 약 2m나 된다. 이 흐름은 파고·주기·해안지형·해저지형 등에 따라 변화하고 장소나 강도도 일정하지 않으며, 일반 해류처럼 거의 정상적으로 장기간 존재하는 것도 아니다. 그러나 해류의 폭이 좁고 유속도 빠르므로 그 안에서 수영하는 것은 위험하다. 이안류는 쇄 파대를 넘어 먼 바다 쪽으로 가다가 갑자기 퍼져서 소멸하며, 그 해수는 다시 파도나 바람의 작용에 의하여 해안으로 향한다.

우리나라에서는 2007년경부터 매년 여름 부산 해운대 해수욕장에서 이안류가 발생하여 피서객들이 구조되는 경우가 종종 발생하는데 최근에는 동해안까지도 이안류 발생 가능성이 높은 걸로 나타났다. 이안류가 발생하면 잠수하여 해안선에 평행으로 수영해 이안류에서 빠져나오면 된다. 해운대 해수욕장의 잦은 이안류 발생은 지형이나 기상 등 여러 원인이 복합적으로 작용하지만 지나친 해변의 확장도 큰 요인 중 하나이다. 이안류는 다양한 장소에서 짧은 시간에 갑자기 발생하므로 예측이 매우 어렵다.

쇄파

파도에 집적된 에너지의 격렬한 발산 현상이 쇄파이다. 파도가 얕은 바다에 가까워지면 주기는 변하지 않으나 파장 L은 짧아지고, 파고 H는 높아진다. 파형이 대칭형으로부터 점차 앞쪽이 급경사로 되어 부서지며, 구조물이나 해안에 큰 충격을 준다. 쇄파의 파고는 충파의 파고보다 높으며 또한 그 쇄파의 수심은 충파의 파고, 파형 물매에 따라 변화하지만 보통의 해안에서는 $H/L=0.01$ ~0.08 이며 1.5~2.0H의 수심으로 파쇄한다.

쇄파는 그 형태에 따라 다음과 같이 3종류로 나누어진다.

- **붕파**(spilling breakers) : 서서히 부서지는 파도이다.
- **권파**(plunging breakers) : 말아 올리면서 부서지는 파도로서 파도가 현

저히 앞으로 기울어지고 이어서 앞면이 앞으로 뒤집어져 공기를 말아 넣고, 물 덩어리 전체가 한꺼번에 던져지는 형으로 부서진 파도로, 파장이 긴 파에 일어난다. 태평양 연안에서 태풍 전에 오는 파도나 여파가 해안에서 부서질 때 이 전형적인 형이 나타난다.

• **쇄기파(surging breakers)** : 벼랑 근처에서 전체가 무너지면서 밀려오는 파로 파형 경사가 작은 파랑이 경사가 급한 해안에서 부서질 때 보이는 쇄파이다. 파봉의 전면부는 거의 연직을 이루고 후면부는 수평에 가까운 형태로 나타난다.

3. 조수와 조류

1) 조수(Tide)

조수와 조류를 이해하는 것은 바람을 이해하는 것만큼이나 중요하다. 바닷물은 달과 태양의 인력과 지구 자전에 의해 주기적으로 상승하고 하강한다. 이를 조석 또는 조수 현상이라 하며, 지구, 태양, 달 사이의 인력 작용으로 해수면이 하루에 2회(때와 장소에 따라 1일 1회) 주기적으로 오르내리는 것을 말한다. 조석 현상은 12시간 25분의 주기를 가진다. 대략 하루에 두 번씩의 만조와 간조가 생긴다. 만조 때에는 바닷물이 들어와 해수면이 올라가고, 간조 때에는 바닷물이 빠져나가 해수면이 낮아진다. 이와 같이 만조와 간조 때의 해수면의 차이를 조차라고 한다. 조수는 가장 낮은 지점에서 높은 지점으로 올라가는데 대략 6시간이 걸리고, 다시 6시간 동안 서서히 빠져 나간다. 만조 중에서도 음력 보름과 그믐날에 조수가 가장 높게 들어오며 이 시기를 '한사리(대사리, 큰사리 대조)'라 한다. 또 조수가 가장 낮은 때인 매달 초여드레와 스무사흘을 '조금(소조)'이라 하는데, 이것은 달이 태양과 직각을 이룰 때 나타난다.

2) 조류(Tidal Current)

조류(tidal current)는 밀물과 썰물처럼 바닷물이 이동하는 현상으로 조수 또는 고도의 차에 의해서 만들어지는 물의 수평적 유동을 말한다. 조수(tide)는 지구에 대한 달의 인력작용으로 초래되는 물의 수직적 운동이다. 조수는 규칙적 간격을 두고 일상적으로 일어난다. 낮은 곳의 물의 높이와 높은 조수간의 차이는 지역마다 다르다. 조류가 해류와 다른 점은 바닷물이 흐르는 방향과 빠르기가 시간에 따라 변한다는 점이다. 또한 해류는 지속적인 흐름이지만, 조류는 특정한 시간에 한해서 나타나는 현상이다.

아이작 뉴턴(Isaac Newton)에 의해 중력이 밝혀지면서 해수면의 높이가 매일 변하는 이유도 설명할 수 있게 되었다. 서로 다른 두 물체 사이에는 당기는 힘이 존재하는데 액체인 바닷물은 그 영향을 크게 받는다. 이 힘은 거리의 제곱에 반비례하기 때문에 지구는 달의 영향을 더 크게 받는다. 태양이 미치는 힘은 달이 미치는 힘의 46%이다. 달과 태양에 의해 발생한 조석의 영향은 넓은 바다에서는 크지 않지만 특정한 지역에서는 크게 나타난다. 우리나라의 서해안도 큰 영향을 받는 지역이다. 수평적으로 움직이는 조류는 빠를 경우 속력이 시속 25km에 이르기도 한다. 빠른 조류의 속력을 모르고 간조 때에 바다에 들어갔다가 미처 빠져나오지 못하여 사고가 발생하기도 한다. 또한 홍수가 났을 때 강물이 바다로 흘러나가야 하는데 만조 시간과 겹칠 경우 조류가 강을 거슬러 올라와 홍수 피해가 더 심해지기도 한다.

조류와 조수는 물의 깊이에 의해서 영향을 받는다. 조류는 수심이 깊은 곳에서 강하다. 손쉬운 조류지표를 이용함으로써 조류의 방향과 속도를 결정할 수 있다. 물의 움직임에 따라서 운반되는 나무와 같은 부유물, 고정된 부체나 도크를 지나는 물의 소용돌이는 훌륭한 조류 지표이다. 큰 바다에서는 조류의 흐름이 빠르지 않으나, 큰 만의 입구, 강의 하구, 해협 등에서는 빠른 속도로 흐른다. 조류의 흐름이 빠른 곳을 거슬러 올라가면 스피드가 떨어지고 조수에 떠내려가는 경우가 생기므로 조수표에 의하여 조류 방향과 요트의 전진방향을 맞추고, 조수를 거슬러 올라가는 일이 없도록 해야 한다.

3) 조류보정(compensating for current)

조류의 흐름을 잘 파악하여 조류보정을 할 수 있는 능력은 윈드서핑을 타는 사람에게 매우 중요하다. 예를 들어, 만약 윈드서퍼가 해안으로 귀환하고 있을 때 조류가 우측으로 보드를 밀어 내린다면 윈드서퍼는 뱃머리 방향을 목적지의 조금 왼쪽으로 돌려서 보정해야만 한다. 윈드서퍼와 해안사이에 고정된 물체(부이 또는 계류 중인 보트)가 있다면 윈드서퍼는 그것을 해안가에 있는 또다른 물체와 나란히 일치시킴으로서 하나의 기준점으로 활용 할 수 있다.

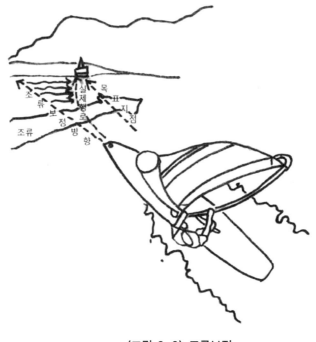

〈그림 3-3〉 조류보정

4. 지역별 기후

1) 지역별 기후 평년값

　아래의 표〈3-2, 3-3〉는 2013년 기준 기상청에서 발표한 지역별 기후의 평년 값이다. 우리나라에서 윈드서핑이 주로 행해지는 지역을 기준으로 표를 정리하 였다. 우리나라에서는 여수와 제주가 평균풍속(4.6m/s)이 가장 높게 나타났고, 완도(4.5m/s), 목표(4.4m/s), 울진(4.3m/s) 순으로 강한 바람이 부는 것으로 나 타났다. 아래의 표를 참고로 각 지역의 바람 정보들을 활용한다면 보다 바람이 좋은 곳으로 이동하여 윈드서핑을 즐길 수 있을 것이다. 또한 기온과 강수량 등의 정보를 활용함으로써 사계절 세일링도 가능할 수 있을 것이다.

지점	평균 기온 (℃)	최고 기온 (℃)	최저 기온 (℃)	강수량 (mm)	평균 증발량 (mm)	평균 풍속 (m/s)	평균 습도 (%)	평균 증기압 (hPa)	일조합 (hr)	전운량 (할)
서울	-1.9	1.9	-5.5	0.9	1.1	2.3	61.1	3.4	4.7	4.0
인천	-1.4	2.3	-4.8	0.8	1.4	3.2	62.2	3.6	5.3	3.9
강화	-3.1	1.7	-7.8	0.9	0.8	1.4	68.0	3.4	5.1	3.8
춘천	-4.1	1.3	-8.9	0.9	1.0	1.1	71.3	3.3	4.9	4.3
원주	-3.7	1.8	-8.7	0.9	1.0	1.0	68.8	3.3	4.8	4.0
속초	0.6	4.8	-3.2	0.8	2.0	3.1	48.8	3.3	5.7	3.3
강릉	1.5	6.0	-2.2	0.9	2.3	3.5	46.2	3.3	5.9	3.4
울릉도	2.7	5.7	0.3	3.2	1.4	3.5	69.4	5.3	2.9	6.8
충주	-3.2	2.7	-8.0	0.8	0.9	0.9	76.9	3.8	4.6	4.6
서산	-1.1	3.7	-5.5	1.0	1.1	2.2	71.8	4.1	4.3	5.1
군산	0.7	4.8	-2.8	1.1	1.3	3.7	70.8	4.6	4.5	4.9
광주	1.2	5.9	-2.7	1.0	1.2	1.9	69.2	4.7	4.6	5.0
목포	2.4	7.0	-0.9	0.6	1.3	4.4	68.2	5.0	4.1	5.5
완도	3.3	7.1	0.2	0.5	1.9	4.5	67.3	5.4	4.6	4.7
여수	3.2	7.1	-0.2	0.3	2.3	4.6	54.7	4.4	6.4	3.0
장흥	1.0	7.1	-4.1	0.7	1.4	2.2	69.5	4.6	4.7	4.2
해남	1.8	7.1	-3.0	0.7	1.2	2.2	71.5	5.1	4.9	4.5
제주	6.7	9.6	3.8	1.5	1.7	4.6	65.3	6.6	2.5	6.7
서귀포	7.7	11.8	4.3	1.1	2.0	2.9	62.3	6.8	5.2	5.0
성산	6.0	10.1	2.2	1.4		3.4	67.6	6.4	4.5	5.3
울진	1.9	7.3	-2.5	0.8	2.0	4.3	49.0	3.6	6.8	2.8
포항	2.6	7.5	-1.4	0.4	2.4	2.9	47.9	3.7	6.4	2.7
영덕	1.4	6.6	-3.0	0.7	2.0	3.0	51.2	3.6	6.8	3.1
부산	4.1	9.0	0.2	0.4	2.1	3.7	47.6	4.2	6.7	2.7
울산	2.7	8.4	-1.9	0.5	1.8	2.3	48.9	3.8	6.5	2.6
통영	3.5	8.9	-0.9	0.0		2.7	50.8	4.1	7.0	2.3
진주	0.6	7.9	-5.5	0.5	1.7	1.7	63.7	4.0	6.0	3.1
거제	2.9	8.0	-1.6	0.1		1.9	51.1	4.0	5.6	
남해	2.5	7.6	-2.1	0.4	1.5	1.9	58.1	4.4	6.3	2.9

2) 지역별 월 평균 풍속

〈표 3-3〉 지역별 월 평균 풍속   [월평년값] 평균풍속(m/s)

지점	1월	2월	3월	4월	5월	6월	7월	8월	9월	10월	11월	12월
서울	2.4	2.6	2.8	2.8	2.5	2.2	2.3	2.1	1.9	2.0	2.2	2.3
인천	3.2	3.5	3.7	3.5	3.0	2.5	2.6	2.4	2.1	2.3	3.0	3.3
강화	1.5	1.8	2.0	2.1	1.9	1.6	1.7	1.6	1.4	1.4	1.5	1.5
춘천	1.1	1.4	1.6	1.7	1.5	1.3	1.2	1.2	1.1	1.0	1.1	1.1
원주	1.0	1.2	1.5	1.6	1.3	1.1	1.0	1.0	0.9	0.9	1.0	1.0
속초	3.3	3.1	3.1	3.3	3.0	2.4	2.3	2.2	2.4	2.7	3.0	3.2
강릉	3.5	3.1	2.8	2.8	2.4	1.8	1.8	1.7	2.0	2.5	3.0	3.4
울릉도	3.6	3.8	4.1	4.4	4.1	3.2	3.6	3.4	3.3	3.5	3.7	3.6
충주	1.1	1.3	1.4	1.5	1.3	1.2	1.0	1.0	1.0	1.0	1.1	1.1
서산	2.2	2.4	2.8	2.8	2.7	2.3	2.6	2.3	2.0	1.9	2.2	2.2
군산	3.8	4.1	4.5	4.2	4.0	3.6	3.4	3.5	3.5	3.5	3.7	3.6
광주	2.1	2.2	2.3	2.3	2.3	2.1	2.5	2.2	1.9	1.7	1.8	1.9
목포	4.6	4.8	4.5	4.0	3.7	3.2	3.6	3.3	3.2	3.7	4.1	4.2
완도	4.8	4.7	4.2	3.6	3.1	2.8	2.9	2.9	3.0	3.4	3.7	4.3
여수	4.9	4.8	4.6	4.0	3.4	3.1	3.3	3.6	4.2	4.0	4.1	4.5
장흥	2.2	2.3	2.2	2.1	1.9	1.6	1.6	1.5	1.3	1.4	1.7	2.0
해남	2.3	2.5	2.5	2.5	2.3	2.1	2.3	2.1	1.7	1.7	1.9	2.1
제주	4.5	4.2	3.9	3.4	3.0	3.0	3.0	3.0	3.1	3.2	3.7	4.3
서귀포	2.8	3.0	3.2	3.0	2.7	2.7	2.7	3.0	3.3	3.0	2.8	2.8
성산	3.5	3.7	3.6	3.2	3.0	2.6	2.9	2.9	3.1	3.1	3.1	3.2
울진	4.4	4.2	4.1	4.2	3.8	3.2	3.2	3.2	3.5	3.7	4.0	4.2
포항	3.0	2.9	3.0	3.0	2.8	2.5	2.6	2.7	2.7	2.6	2.6	2.8
영덕	2.9	2.8	2.7	2.7	2.4	2.0	1.8	1.9	2.0	2.1	2.4	2.8
부산	3.7	3.8	4.0	4.0	3.6	3.3	3.8	3.7	3.6	3.3	3.4	3.6
울산	2.4	2.4	2.5	2.3	2.1	1.9	2.0	2.0	1.9	1.8	1.9	2.2
통영	2.7	2.7	2.9	2.7	2.4	2.3	2.6	2.6	2.5	2.4	2.4	2.6
진주	1.9	2.1	2.2	2.1	1.9	1.8	2.1	1.7	1.5	1.3	1.5	1.6
거제	1.8	1.8	1.9	1.9	1.8	1.7	1.8	1.6	1.4	1.3	1.4	1.6
남해	1.9	1.9	2.0	1.9	1.7	1.5	1.5	1.6	1.6	1.6	1.7	1.8

⊠ 연 습 문 제 ⊠

1. 바람은 어떻게 발생되는지 그 원인에 대해 간략히 설명하시오.

2. 세일링 시 알아두어야 할 바람의 종류에 대해 설명하시오.

3. 풍속계가 없을 때 바람의 세기와 방향을 식별하는 요령에 대해 설명하시오.

4. 파도의 종류에 대해 간략히 설명하시오.

5. 조수와 조류의 차이와 개념에 대해 설명하시오.

6. 조류보정의 개념과 방법에 대해 설명하시오.

윈드서핑과 안전

제4장에서는 윈드서핑과 안전에 대해 소개하고 있다.
윈드서핑과 같은 익스트림 스포츠를 즐기다 보면 자신의 소홀함과 장비관리의 실수, 판단 착오, 능력과신 등으로 부상을 당하고 많은 손해를 입는 경우가 있다. 따라서 윈드서핑을 즐길 때 기본적으로 지켜야 할 수칙에 대해서 학습하고 자신을 보호하는 방법을 알고 있어야 한다.

♣ 기본수칙
♣ 구급처치

1. 기본수칙

윈드서핑과 같은 익스트림 스포츠(extreme sport)를 즐기다 보면 자신의 소홀함과 장비관리의 실수, 판단 착오, 능력과신 등으로 부상을 당하고 많은 손해를 입는 경우가 있으며, 심지어 목숨까지 위험해지는 경우도 있다. 따라서 윈드서핑을 즐길 때 기본적으로 지켜야할 수칙에 대해서 학습하고 자신을 보호하는 방법을 알고 있어야 한다.

가장 먼저 기억해야 하고 학습해야 할 기본적인 안전의 개념은 "보드 위에 가만히 있어라!"이다. 본인이 탈진되거나 장비가 파손되었을 경우, 또는 등 뒤로 바람이 너무 강하거나 파도가 높을 때 해변으로 수영해서 나오려고 보드를 떠나서는 절대 안 된다. 항상 보드 위에서 기다려야 한다. 보드는 자신의 목숨을 지켜주는 뗏목으로 생각해야 한다.

〈그림 4-1〉 버디시스템 장면

1) 버디 시스템(Buddy System)

안전의 개념 중 기본은 항상 동료와 세일링을 한다는 것이다. 이것을 가리켜 버디시스템(buddy system)이라고 부른다. 버디시스템은 서로를 주시해주는 것 이외에도 친구나 동료들과 함께 세일링을 하면 더욱 재미있고 더 많은 것을 배울 수 있다. 또한, 자신의 세일링 능력을 다른 사람들과 비교할 수 있는 기회를 제공하기도 한다.

2) 안전수칙

윈드서핑 안전수칙

① 해당 지역의 기상과 조수 예보를 주시하여야 한다.
② 누군가에게 항상 장소와 돌아올 시간을 알려준다.
③ 날씨조건에 맞는 의복(예, 슈트 등)을 착용해야 한다.
④ 호각이 달린 공인 제품의 라이프 재킷을 착용해야 한다.
⑤ 덥고, 태양 빛이 강하고 후덥지근한 날에는 물을 충분히 섭취한다.
⑥ 장비나 부품은 세일링에 적합한지 항상 점검하는 자세를 갖는다.
⑦ 어려움에 처할 때 서로 도움이 될 수 있도록 동료와 함께 세일링을 한다.
⑧ 자신의 역량과 장비 등을 감안하여 세일링을 한다.
⑨ 조류, 육풍, 또는 폭풍우 등 여건이 좋지 않으면 세일링을 하지 않는다.
⑩ 모터보트, 어선 등과 경쟁하거나 접촉해서는 안 된다.
⑪ 수영객, 낚시꾼, 스쿠버다이버에게 접근하지 않는다.
⑫ 악천후 시 해상에서 보드와 리그를 분리하지 않으며, 항상 보드 위에서 구조를 기다려야 한다.
⑬ 저체온증, 탈수, 햇빛 화상(sunburn), 요통에 주의한다.
⑭ 해파리나 뱀 등 독충이나 동물에 주의한다.
⑮ 항상 일몰 1시간 전에 철수한다.

바다에 나가기 전

① 자신의 안전선(safety line)을 재차 점검한다.
② 수평선에 먹구름이 있는지를 경계해야 한다.
③ 의심이 들면 무모하게 바다에 나가지 말아야 한다.
④ 현명한 윈드서퍼는 구조가 유일한 해결수단이라고 생각하기 전에 가장 안전한 행동지침을 준수하려는 사람이다.

안전은 아무리 강조해도 지나치지 않는다. 물에 있든 물 밖이든 간에 언제나 안전의식을 갖고 있어야 하며 지도자의 도움을 받아 반드시 숙지해야 할 태도이다.

안전은 많은 것들을 포함하고 있다. 알맞은 의복착용, 구명조끼 착용, 다른 사람들을 배려하고 정중하게 대하는 자세, 세일링하고 있는 동료를 주시하고 감시해주는 감시자의 역할, 항로 규칙을 준수하는 세일링, 본인의 장비가 순조롭게 잘 작동하고 있는지 여부를 확인하는 일, 현재의 기상상황과 변화를 점검하는 것 등이 포함된다.

▣ 안전지도의 요점 ▣

학생들은 실외에서의 윈드서핑 수업 전 윈드서핑 안전수칙을 반드시 숙지해야 한다. 또한, 지도자는 학생의 안전을 위해 수업 첫 시간에 버디시스템, 보드 이탈 금지, 구조신호방법, PFD 착용법 등을 가르치고 확실하게 주지시켜야 한다.

---

3) 안전사고 및 응급처치

저체온증(Hypothermia)

추운 환경에 노출되면 인체는 정상적으로 떨림과 근육 긴장, 대사량 증가 등을 통해 체온을 유지한다. 저체온증은 내부나 외부의 다양한 원인에 의하여 임상적으로 중심체온(심부체온)이 35℃ 이하로 떨어진 상태를 말한다. 인체의 열 생산이 감소되거나 열손실이 증가될 때, 또는 두 가지가 복합적으로 발생할 때 초래되며, 저체온증은 갑자기 생기거나 점차적으로 발생할 수 있다. 체온이 정상보다 낮아지면 혈액 순환과 호흡, 신경계의 기능이 느려지며, 심장이 비정상적으로 박동하며 결국 심장마비가 발생하여 사망할 수 있다.

저체온증의 증상은 심부 온도에 따라 크게 경증, 중등도, 중증의 세 가지 범주로 나눈다. 경증(경한) 저체온증은 심부체온이 33~35℃인 경우를 말하며, 일반적으로 떨림 현상이 두드러지고 피부에 '닭살'로 불리는 털세움근(기모근) 수축 현상이 일어난다. 피부 혈관이 수축하여 피부가 창백해지고 입술이 청색을 띠게 된다. 기면 상태에 빠지거나 자꾸 잠을 자려고 하고 발음이 부정확해지기도 한다. 중심을 잘 잡지 못하고 쓰러지거나 외부의 자극에도 무반응 상태를 보이기도 한다.

중등도의 저체온증은 심부체온이 29~32℃의 경우를 말하며, 의식 상태가 더욱 나빠져 혼수상태에 빠지게 되고, 심장 박동과 호흡이 느려진다. 근육 떨림은 멈추고 뻣뻣해지며 동공이 확장되기도 한다.

심부체온이 28℃ 이하가 되면 중증의 저체온증 상태가 되어 심실 세동과 같은 치명적인 부정맥이 유발되어 심정지가 일어나거나, 혈압이 떨어지며 의식을 잃고 정상적인 각막 반사나 통증 반사 등이 소실된다.

저체온증이 발생시 처치방법은 신속하게 환자 상태를 파악하여 치명적인 상태(호흡정지, 심장마비)가 동반되었나를 확인하고, 필요시 119에 도움을 요청한다. 젖은 의복을 벗기고 환자의 몸을 건조하게 유지한다. 따뜻한 장소로 옮겨 뜨거운 찜질 등 몸을 따뜻하게 할 수 있는 방법을 사용한다. 뜨거운 찜질을 할 때는 화상 방지를 위해 환자와 찜질용 열원 사이에 담요, 수건, 의복 등을 넣는다. 환자의 의식이 확실한 경우에는 알코올, 카페인 등이 없는 따뜻한 음료를 마시도록 한다. 갑자기 체온을 높이면 치명적인 부정맥이 발생할 수 있으므로 환자를 더운 물에 넣는 등 갑자기 체온을 높이는 방법은 사용하지 말아야 한다. 항상 환자에게 무리가 가지 않도록 조심스럽게 처치해야 한다는 점을 명심해야 한다.

저체온증이 심해지면 환자는 의식이 없어지며 호흡도 점차 느려지고 결국은 정지되며, 맥박도 점차 느려져 부정맥이 발생한다. 근육이 굳어져서 몸이 뻣뻣해 진다. 기도, 호흡 맥박을 잘 관찰하고 필요하면 심폐소생을 하면서 구조대원을 기다린다. 극심한 온도에 노출되어 발생하는 고온과 저온 손상은 대부분 예방이 가능하다.

이러한 저체온증을 예방하려면 추운 날씨에 알맞은 복장을 착용하는 것은 매우 중요하다. 따라서 저체온증을 예방하기 위하여 고무 옷이나 드라이 슈트를 입는 것이 가장 좋으며, 열 손실을 줄이기 위하여 구명 동의, 모자나 환대를 착용하는 것이 좋다.

열 경련(Heat Cramps)

열경련은 통증을 동반한 골격근의 수축을 말한다. 정확한 발병 원인에 대해서는 아직까지 불확실하지만 심한 발한으로 인한 신체 내수액과 염분의 손실에 의한 것으로 추정된다. 열경련은 무더운 야외에서 극심한 신체활동을 한 후에 갑자기 발생하며 특징적으로 다리나 복부에 집중적으로 발생한다. 체온은 정상이며 피부는 축축한 것이 특징이다. 주의할 점은 열경련이 다른 심각한 고온 손상의 초기 단계를 의미하기도 한다.

시원한 장소에서 시원한 물이나 스포츠용 음료를 공급하면 휴식과 음료만으로도 회복이 가능하다. 수축된 근육을 약간 늘려 준다든가 가볍게 마사지하면 회복에 도움이 된다. 경련이 중단되고 특별한 증상이 없으면 즉시 정상적 활동을 시작할 수는 있으나 심각한 손상 증상이 발생하는지를 반드시 확인해야 한다.

열 탈진(Heat Exhaustion)

가장 흔한 열관련 질환으로, 흔히 '더위 먹었다' 라고 말하는 증상이며, 탈수나 소금 성분의 불균형이 그 원인이다. 대부분의 환자는 두 가지 형태의 원인이 같이 나타나며, 피로, 기력 저하, 어지럼증, 두통, 속이 메스꺼운 증상, 구토, 근육에 쥐가 나서 아픈 상태를 호소하게 된다. 체온은 대개 40도 미만이며 심한 뇌손상은 없다. 가슴이 두근거리거나 기립성 저혈압증상, 탈수 증상이 함께 나타날 수 있으며, 대개 땀을 심하게 흘리게 된다.

열 탈진은 극심한 고온에서 장시간 운동을 하거나 심한 노동을 할 때에 종종 발생한다. 열 탈진은 운동선수에게 가장 흔하게 발생하지만 화재진압 소방관, 건축 근로자, 공장 근로자 등에게서도 발생하고, 고온다습한 작업환경에서 두꺼운 옷을 입고 근무하는 사람에게서도 흔히 발생한다.

열 탈진의 발생은 신체 내의 체온 조절 중추가 파괴되기 시작했다는 것을 의미하나, 열 탈진이 발생하기 전에 항상 열성경련이 먼저 오는 것은 아니다. 열 탈진의 발생 원인은 상당 시간동안 발한으로 인하여 수분 손실이 진행되어 혈류량이 감소되는 반면, 피부로 가는 혈류는 증가한다는 것이다. 이 경우 생존에 필수적인 장기로 가는 혈류는 감소된다. 순환계에 대한 영향으로 환자는 경미한 쇼크 상태가 된다.

초기 열 탈진은 적절한 치료를 하면 대부분 회복된다. 시원한 장소에서 휴식을 취하며 시원한 음료를 섭취하면 증상이 호전되는 것을 느낄 수 있다. 그러나 별다른 조치 없이 열 탈진이 진행되면 점차 환자 상태가 악화되며 체온은 점차 상승한다. 구토가 동반되고 의식 상태도 희미해진다. 이때 적절한 조치를 취하지 않으면 더 심각한 고온 현상이 열사병으로 진행된다.

열사병(Heat Stroke)

과도한 고온 환경에 노출되거나, 더운 환경에서 작업, 운동 등을 시행하면서 신체의 열 발산이 원활히 이루어지지 않아 고체온 상태가 되면서 발생하는 신체 이상을 말한다. 고전적인 열사병의 정의는 40℃ 이상의 심부체온, 중추신경계 기능 이상, 무한증(땀이 나지 않는 것)의 세 가지를 모두 가지고 있어야 하지만, 무한증은 나타나지 않을 수도 있다. 고체온증과 중추신경계 기능 이상을 보이는 환자는 열사병을 반드시 의심해야 하는데, 여러 장기를 손상시키는 응급 상황이므로 즉각적으로 처치하지 못하면 매우 높은 사망률을 보인다. 열사병은 고온에 의한 응급 상황 중 가장 빈도가 낮지만 가장 심각한 신체 손상이다. 이것은 열 탈진을 처치하지 않고 방치된 사람에게서 주로 발생한다. 일광에 의해 발병하는 경우 일사병이라 부른다.

열사병은 고온에 의해 체온조절 중추의 기능이 마비되어 발생한다. 체내 수분이 적어지기 때문에 땀도 매우 적어진다. 땀이 없어지면 자체적인 체온조절이 거의 불가능해지기 때문에 체온은 급상승한다. 이렇게 체온이 급상승하면 뇌, 심장, 신장 등 주요 생명유지 장기의 기능이 파괴된다. 체온을 빨리 떨어뜨려 주지 않으면, 경련, 의식소실 등으로 이어져 결국 사망한다. 그러므로 고온손상이 가장 심각한 형태인 열사병의 증상을 신속히 인지하고 즉시 적절한 처치를 반드시 해야 한다.

열사병 환자 중 일부는 발병 초기에 심장박동이 강력해지고 빠른 맥박을 보이는 경우가 있다. 이는 혈관을 확장시키고 혈류를 피부로 보내 체온을 방출하기 위한 것이다. 그러나 점차 의식이 나빠지면서 순환계의 기능이 악화되어 맥박은 약해지고 불규칙해 진다. 즉각 처치를 하지 않으면 결국 환자는 사망한다.

열성경련과 열사병의 처치법은 다음과 같다. 환자의 옷을 느슨하게 하고, 차가운 타올이나 천으로 몸을 식혀준다. 환자에게 직접 물을 분사해주거나, 선풍기나 부채바람을 쐬게 하는 것도 좋다. 환자가 의식이 있다면, 적은 양의 찬물을 마시게 한다.

<표 4-1> 열 관련 돌발사고의 처치법

열 경련(Heat cramps)	열 탈진(Heat exhaustion)	열사병(Heat stroke)
· 환자를 시원한 곳으로 옮긴다. · 차가운 물을 조금씩 마시게 한다. · 근육을 펴주고, 부드럽게 마사지한다.	· 환자를 시원한 곳으로 옮긴다. · 부채나 선풍기로 시원하게 해준다. · 젖은 타월로 열을 증발시킨다. · 환자가 의식이 있다면, 적은 양의 차가운 물을 마시게 한다. · 환자상태의 호전이 없으면, 열사병이 의심되므로 119에 도움을 요청한다.	· 119에 도움을 요청한다. · 구조대원이 도착할 때까지 열 탈진 처치법을 한다.

대부분의 세일러들은 세일링 중에 돌발사고(heat emergency)를 위험으로 생각하지 않는다. 미풍이 있거나 없는 고온다습한 날에는 누구든지 열에 의한 영향을 받을 수 있다. 특히 급격한 열의 변화에 민감한 사람들은 어린이나 만성질병이 있는 노인, 과체중인자, 뜨거운 곳에서 일하는 사람, 운동선수들이다.

열 돌발 사고에는 열사병, 일사병(열 탈진) 또는 열 경련 등이 포함된다. 세일링 전·중·후에 규칙적으로 찬물을 섭취하는 것은 물에서의 체온저하와 함께 열 돌발 사고에 최적으로 방어할 수 있는 방법이다. 더운 날(또는 고무 옷이나 드라이 슈트를 입은 추운 날)에 세일링하는 사람은 누구든 시간당 최소 1파인트의 찬물(약 0.57리터)을 먹어야 한다. 가볍고 밝은 색의 의복, 모자와 태양 가리개, 선글라스를 착용하는 것 또한 열 돌발 사고를 막는데 도움을 준다.

2. 자기구조(Self-Rescue)

1) 패들링(Paddling)

패들링(paddling)이란 손으로 노처럼 저어서 보드를 전진시키는 것을 말한다. 갑자기 바람이 없어지거나 육풍(off shore)이 너무 강해서 귀환하기가 어려울 때 이 방법을 사용한다. 패들링은 필수적이기 때문에 평상시에도 실제와 똑같이 연습해 두어야 한다.

특히 아래의 그림에서 보는 것처럼 간단하게 보이지만 연습해 보면 많은 에너지를 소모하기 때문에 매우 힘들며, 악천 후 시에는 탈진될 가능성도 높다.

패들링을 해야겠다고 결단을 내리기는 어렵지만 이 결단이 지체될수록 해안으로 돌아올 수 없는 긴급 사태를 초래할 가능성이 그만큼 높아진다.

세일 업을 반복해도 자꾸 실패하여 세일링을 할 수 없을 때는 만의 바깥이나 먼 바다로 떠내려가기 전에 재빨리 패들링을 해야 한다. 도중에 세일 등이 물속으로 떨어져 버리면 불필요한 시간과 체력이 소모되므로 패들링 준비는 빠르고 확실하게 해야 한다. 또한 힘들더라도 패들링을 하는 손을 쉬지 않도록 한다. 바람이 강해지면 떠 내려가는 속도가 빨라지기 때문이다. 여하튼 자신의 한계를 느꼈다면 당황하지 말고 곧바로 패들링 자세로 들어가야 한다.

〈그림 4-2〉 패들링

2) 구조신호

패들링을 하고 있다가 체력이 떨어지거나 조류에 밀려서 도저히 자기 스스로 해안으로 돌아오기 힘들다고 생각될 때는 재빨리 부근을 지나는 상급 세일러, 요트, 어선 등에 신호를 보내야만 한다. 위급상황 발생 시 도움이 필요하면 주변에 주의를 끌고 도움을 받을 수 있도록 국제조난신호(international distress signal)를 사용하여야 한다. 이 신호를 사용하기 위해서는 상체를 일으키고 무릎을 구부리고 앉아 양팔을 좌우로 들어서 머리위로 올렸다가 양쪽 어깨높이로 내리는 동작을 천천히 반복한다. 그러면서 자신의 라이프 재킷에 달려있는 호각을 분다. 호각소리는 고함을 지르는 것보다 훨씬 멀리 전달되고 효과적이다.

만약 도움이 필요하다고 판단되면 지체 없이 구조신호를 보내야 한다. 이런 구조신호를 지체하면 더 큰 화를 초래할 수 있다는 것을 명심해야 한다. 또한, 긴급 상황이 발생하면 절대로 보드에서 떠나지 않는 것이 안전하다. 세일링 중에는 반드시 슈트를 착용하여 몸의 체온을 유지할 수 있도록 하며, 그로 인해 조금이나마 체력 소모를 막을 수 있다.

〈그림 4-3〉 구조신호 요령

■ 요점 ■

지도자는 반드시 학생들의 수영능력을 점검해야 한다. 각 학교는 세일링 전에 학생들의 수영능력을 점검하는 시스템을 가지고 있어야 한다. 세일링 장소에서 수영능력을 테스트하는 것은 학생들에게 물의 상태, 보드의 부력과 구명동의(PFD : Personal Flotation Device) 사용을 소개해줄 수 있는 좋은 방법 중의 하나이다.

3. 구급처치(심폐소생술)

1) 심폐소생술의 정의 및 단계

심정지(심장마비)란 다양한 원인에 의하여 우리 몸의 혈액순환을 담당하는 심장이 갑자기 멈춤으로 인하여 수분이내에 적절한 응급처치가 실시되지 않는다면 결국 사망하게 되는 상태를 말한다. 이에 반해 심폐소생술이란 심정지 환자의 멈추어진 심장의 자발순환을 회복시켜 환자의 사망을 방지하는 일련의 응급처치 과정을 말한다. 그러나 모든 심정지 환자가 심폐소생술을 시행한다고 해서 소생되는 것은 아니며, 얼마나 신속하고 정확하게 심폐소생술을 시행하였느냐에 따라서 환자의 생존율이 결정된다.

심폐소생술은 크게 기본소생술(BLS : Basic Life Support)과 전문 심장 소생술(ACLS : Advanced Cardiac Life Support)로 나눌 수 있다. 기본 소생술은 심정지 환자를 발견한 사람이 현장에서 의료기구를 사용하지 않고 심정지 확인, 도움 및 119신고 요청, 가슴압박, 인공호흡, 자동제동기(AED)등의 응급처치를 시행하는 심폐소생술의 초기 단계를 말한다. 전문 심장 소생술은 심정지 환자가 병원에 도착한 이후에 의료진에 의하여 시행되어지는 전문기도유지술, 제세동, 약물투여, 심정지의 원인에 따른 처치 및 소생 후 처치 등의 전문 응급처치를 말한다.

최근에는 일반인이 현장에서 쉽게 사용할 수 있는 자동제세동기(AED : Automated External Defibrillator)가 개발됨에 따라 현장에서 자동제세동기를 이용하여 제세동 처치를 실시하는 것 또한 기본 소생술에 포함되어 강조되고 있다.

2) 심폐소생술의 시행방법

일반적으로 심폐소생술 교육을 받은 일반 구조자가 인공호흡을 시행 할 수 있다면 흉부압박과 인공호흡을 같이 시행하되 흉부압박 30회에 인공호흡 2회의 비율로 심폐소생술을 하도록 권장하고 있다. 하지만 목격자가 심폐소생술을 교육받지 않은 사람이라면 전화상담원의 지시에 따라 심정지가 발생한 성인 환자에 대해 흉부 중심부를 빠르게 힘껏 압박하는 것에 집중하여 가슴압박 소생술(Hand-only CPR)을 실시할 것을 강조하고 있다.

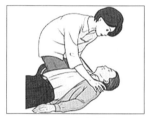
1. 심정지 확인

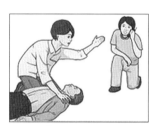
2. 도움 및 119신고 요청

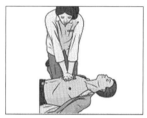
3. 가슴압박 30회 시행

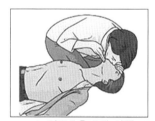
4. 인공호흡 2회 시행

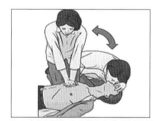
5. 가슴압박과 인공호흡의 반복

6. 회복자세

〈그림 4-4〉 심폐소생술의 시행방법

심정지 확인

먼저 환자의 양쪽 어깨를 가볍게 두드리며, 큰 목소리로 "여보세요, 괜찮으세요? 눈 떠 보세요."라고 소리친다. 환자의 몸 움직임, 눈 깜박임, 대답 등으로 반응을 확인하고(심정지-무반응), 동시에 숨을 쉬는지 또는 비정상 호흡을 보이는지 관찰한다(심정지-무호흡 또는 비정상 호흡). 반응이 없더라도 움직임이 있거나 호흡을 하는 경우는 심정지가 아니다.

도움 및 119요청

환자의 반응이 없으면 즉시 큰 소리로 주변 사람에게 도움을 요청한다. 주변에 아무도 없는 경우에는 즉시 스스로 119에 신고한다. 만약 주위에 자동제세동기가 비치되어 있다면 자동제세동기를 함께 요청한다.

가슴압박 30회 시행

먼저 환자의 가슴 중앙에 깍지 낀 두 손의 손바닥 뒤꿈치를 댄다. 손가락이 가슴에 닿지 않도록 주의하여야 하며, 양팔을 쭉 편 상태에서 체중을 실어서 환자의 몸과 수직이 되도록 가슴을 압박한다. 가슴압박은 성인에서 분당 100~120회의 속도와 가슴이 5~6cm 깊이로 눌릴 정도로 강하고, 빠르게 압박한다. 또한 '하나', '둘', '셋', ----, '서른' 하고 세어가면서 시행하며, 압박된 가슴은 완전히 이완되도록 한다.

인공호흡 2회 시행

인공호흡을 시행하기 위해서는 환자의 머리를 젖히고, 턱을 들어 올려서 환자의 기도를 개방시킨다. 머리를 젖혔던 손의 엄지와 검지로 환자의 코를 잡아서 막고, 입을 크게 벌려 환자의 입을 완전히 막은 뒤에 가슴이 올라올 정도로 1초 동안 숨을 불어넣는다. 숨을 불어넣을 때에는 환자의 가슴이 부풀어 오르는지 눈으로 확인한다. 숨을 불어넣은 후에는 입을 떼고 코도 놓아주어서 공기가 배출되도록 한다. 인공호흡 방법을 모르거나, 꺼려지는 경우에는 인공호흡을 제외하고 지속적으로 가슴압박만을 시행한다.(가슴압박 소생술).

가슴압박과 인공호흡 반복

30회의 가슴압박과 2회의 인공호흡을 119구급대원이 현장에 도착할 때까지 반복해서 시행한다. 다른 구조자가 있는 경우에는 한 구조자는 가슴압박을 다른 구조자는 인공호흡을 맡아서 시행하며, 심폐소생술 5주기(30회 가슴압박과 2회 인공호흡 5회)를 시행한 뒤에 서로 역할을 교대한다.

회복자세

가슴압박과 인공호흡을 계속 반복하던 중에 환자가 소리를 내거나 움직이면, 호흡도 회복되었는지 확인한다. 호흡이 회복되었으면, 환자를 옆으로 눕혀 기도(숨길)가 막히는 것을 예방한다. 그 후 계속 움직이고 호흡을 하는지 관찰한다. 환자의 반응과 정상적인 호흡이 없어지면 심정지가 재발한 것이므로 가슴압박과 인공호흡을 즉시 다시 시작한다.

3) 자동제세동기(AED)의 사용방법

과거에 제세동 처치는 병원에서 의료진에 의해서만 시행되는 것으로 여겨졌으나, 최근에는 심장 리듬을 자동으로 분석하여 필요한 경우 제세동을 시행할수 있도록 유도하여 주는 '자동제세동기(Automated External Defibrillator, AED)'가 개발되어 심정지 현장에서 목격자에 의하여 조기에 제세동 처치가 이루어질 수 있게 되었다. 이러한 자동제세동기는 의료인뿐만 아니라 일반인도교육을 받으면 쉽게 사용할 수 있으며, 실제로 선진국에서는 자동제세동기를심정지 발생이 많은 공항, 호텔 등에 설치함으로써 심정지 환자의 생존률을 증가시킨 것으로 알려졌다.

| 1. 전원켜기 | 2. 패드부착 | 3. 심장리듬 분석 | 4. 제세동 시행 | 5. 즉시 심폐소생술 다시시행 |

〈그림 4-5〉 자동제세동기 사용방법

전원켜기

자동제세동기는 반응과 정상적인 호흡이 없는 심정지 환자에게만 사용하여야하며, 심폐소생술 시행 중에 자동제세동기가 도착하면 지체 없이 적용해야 한다.
 – 먼저 자동제세동기를 심폐소생술에 방해가 되지 않는 위치에 놓은 뒤에
   전원 버튼을 누른다.

두 개의 패드 부착

패드 1 : 오른쪽 빗장뼈 바로 아래
패드 2 : 왼쪽 젖꼭지 옆 겨드랑이
패드 부착부위에 이물질이 있다면 제거하며, 패드와 제세동기 본체가 분리되어 있는 경우에는 연결한다.

심장리듬 분석

"분석 중‥‥‥"이라는 음성 지시가 나오면, 심폐소생술을 멈추고 환자에게 손을 뗀다. 제세동이 필요한 경우라면 "제세동이 필요합니다." 라는 음성

지시와 함께 자동제세동기 스스로 설정된 에너지로 충전을 시작한다.

제세동 시행

제세동이 필요한 경우에만 버튼이 깜박이기 시작한다. 깜박이는 제세동 버튼을 눌러 제세동을 시행한다. 제세동 버튼을 누르기 전에는 반드시 다른 사람이 환자에게서 떨어져 있는지 다시 한 번 확인하여야 한다.

즉시 심폐소생술 다시시행

제세동을 실시한 뒤에는 즉시 가슴압박과 인공호흡 비율을 30:2로 심폐소생을 다시 시작한다. 자동제세동기는 2분마다 심장리듬 분석을 반복해서 시행하며, 이러한 자동제세동기의 사용 및 심폐소생술의 시행은 119구급대가 현장에 도착할 때까지 지속되어야 한다.

1. 버디시스템(Buddy System)에 대해 간략히 설명하시오.

2. 윈드서핑의 안전수칙 5가지 이상 설명하시오.

3. 열관련 질환을 구분하고 그 처치요령에 대해 간략히 설명하시오.

4. 패들링 요령에 대해 간략히 설명하시오.

5. 자기구조를 할 수 있는 국제적으로 통용되고 있는 국제조난신호에 대해 설명하시오.

6. 자동제세동기(AED)의 사용법을 순서대로 설명하시오.

윈드서핑의 추진원리

제5장에서는 윈드서핑의 추진원리, 진로변경, 범주방향에 대해서 소개하고 있다.

윈드서핑의 추진원리는 바람이 세일의 양면을 따라서 흐르고 있을 때 세일의 만곡형태의 의해서 방향이 수정되는데 이것이 양력을 만들어낸다. 이 양력은 보드를 앞쪽과 풍하쪽(측면)으로 당기게 되어 나아가게 되며, 세일에 받은 풍압중심이 저항중심보다 앞쪽으로 기울이면 보드가 풍하로, 저항중심보다 뒤쪽으로 기울이면 풍상 쪽으로 향하게 된다.

♣ 윈드서핑의 추진원리
♣ 윈드서핑의 진로변경
♣ 윈드서핑의 범주방향

1. 윈드서핑의 추진원리

항공기는 어떻게 해서 하늘을 날고 앞으로 전진할 수 있는 것인가? 우선 양력의 개념을 이해하는 것이 중요하다. 양력(lift)은 유체속의 물체가 수직방향으로 받는 힘을 말한다. 이 힘은 높은 압력에서 낮은 압력 쪽으로 발생하며, 유체에 닿는 물체를 밀어 내리려는 힘에 대한 반작용이다. 비행기의 날개가 이 힘을 이용하여 비행기를 하늘에 띄운다.

그러면 양력은 어떻게 생기는 것인가? 양력에 대한 기본적인 설명은 뉴턴의 운동법칙을 통해서 가능하다. 뉴턴의 3가지 운동법칙 중 제 2법칙(가속도의 법칙)에 의하면, 시간에 따른 질량이나 속도의 변화는 힘을 발생시킨다. 여기서 속도는 크기와 함께 방향의 성분도 포함하고 있다. 비행 중인 항공기 날개의 전방에 있는 공기를 전방류, 후방의 후방류라 부르는데, 후방류는 일반적으로 날개의 영향을 받아 아랫부분으로 떨어지는 움직임을 보인다. 날개가 앞부분이 들린 형태, 즉 받음각(angle of attack)을 가진 형태로 비행기에 달려있기 때문이다. 이 과정에서 당연히 받음각에 따라 공기의 방향이 바뀌며, 아래 방향으로 힘이 발생하게 된다. 그리고 뉴턴의 제3의 운동법칙(작용과 반작용의 법칙)을 적용하면, 에어포(airfoil)일로부터 힘을 받는 유체는 에어포일에 반작용을 미치게 된다. 요약하면, 양력은 에어포일에 의해 흐름이 바뀐 공기의 반작용으로 발생하는 힘인 것이다.

베르누이의 정리(Bernoulli′s theorem)를 이용하여서도 양력을 설명할 수 있다. 에어포일의 윗면과 아랫면을 흐르는 유체의 속도가 달라짐에 따라서 압력차가 생기고 양력을 얻게 된다. 다시 말해서 아랫면을 흐르는 유체는 속도가 느려짐에 따라서 압력이 높아지고, 윗면을 흐르는 유체의 속도는 빨라짐에 따라 압력이 낮아지게 된다. 압력은 높은 곳에서 낮은 곳으로 이동하기 때문에 날개는 위로 상승한다는 설명이 가능하다.

결국 비행기가 뜨는 원리를 설명하는 데에는 베르누이의 정리(Bernoulli′s theorem)와 뉴턴의 법칙(Netwon′s laws of motion)이 모두 유용하며, 양력의 근본원리를 이해하는 데에는 뉴턴의 운동법칙이 효과적이고, 어떤 날개모양이 효율적인지를 이해하는 데에는 베르누이의 정리가 효과적이라고 말할 수 있다.

이 원리들은 윈드서핑의 추진원리에도 동일하게 적용할 수 있다. 어떠한 종류의 세일선이든지 간에 세일은 동일한 방식으로 작동을 한다. 세일은 보드를 앞쪽으로 밀거나 당기는 힘을 만들기 위하여 바람을 이용한다. 이러한 밀기방식(push mode)과 당김방식(pull mode)의 차이를 이해하는 것이 중요하다.

바람이 세일의 양면을 따라서 흐르고 있을 때 세일의 만곡형태에 의해서 방향이 수정되는 데 이것이 양력(lift)을 만들어낸다. 이 양력은 보드를 앞쪽과 풍하 쪽(측면)으로 당기게 된다. 이 당김 모드에서는 세일이 비행기의 날개와 같은 역할을 한다. 현대의 세일들은 브로드 씨밍(broad seaming)과 신축성이 없는 섬유(non-stretch fabric)를 결합하여 만든다. 브로드 씨밍은 통풍을 증가시키고, 경직섬유는 바람의 압력이 증가할 때 세일이 일정한 형상을 유지할 수 있도록 하는 역할을 한다. 그림 5-1에서 보면 바람이 세일의 에어포일을 따라 양분되었을 때 풍상 쪽을 흐르는 유체는 속도가 느려짐에 따라서 압력이 높아지고, 풍하 쪽 단면을 흐르는 유체의 속도는 빨라짐에 따라 압력이 낮아지게 된다. 압력은 높은 곳에서 낮은 곳으로 이동하기 때문에 그 결과 앞쪽으로 흡인력이 발생하거나 풍하 쪽으로 양력이 작용하게 된다.

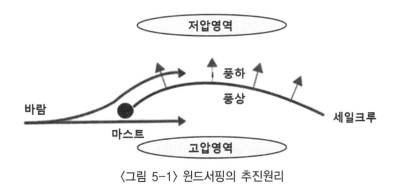

〈그림 5-1〉 윈드서핑의 추진원리

또한 세일은 단순히 바람을 차단함으로써 힘을 만들어 낼 수 있는데, 이것을 밀기방식이라고 한다. 밀기방식에서 바람은 세일의 한 면에 대해서만 민다. 그 결과 미는 방향으로 보드가 움직인다. 매우 강한 바람이 등 뒤로 불어올 때 서 있기가 어렵고 몸은 앞쪽으로 밀리는 현상이 발생하는 데 동일한 현상이 밀기방식에서 일어난다. 이때는 바람이 보드를 앞으로 당기기보다는 풍하로 미는 역할을 하게 된다. 이 방식으로 작동하는 세일은 공기역학적으로 실속(stalling)을 유발한다. 강풍시 실속된 세일 이면에서 발생하는 난류는 공기역학의 불안정성을 유도하고, 차례로 보드의 풍하 롤링을 증가시키는 것으로 나타난다.

세일로부터의 양력뿐만 아니라 보드에 작용하는 몇 가지 힘들이 더 있다. 세일이 만들어 낸 양력은 보드를 앞쪽으로 뿐만 아니라 풍하 쪽으로도 당기는 힘을 만들어낸다. 이 풍하로의 당김 현상에 저항하기 위하여 수중에는 센터보드와 스케그라는 핀(fin)들이 있다. 이러한 장치들은 배가 풍하로 흡입되는 것에 대한 측면저항을 제공함으로써 보드가 풍하로 밀리지 않고 앞쪽으로 나갈 수 있도록 해준다.

앞쪽으로의 당김과 밀기는 또한 또 다른 반작용력인 항력(drag)을 만들어낸다. 항력은 보드가 공기 중이나 물에서 앞으로 전진하려고 할 때 일어나는 마찰저항이다. 이러한 모든 힘들이 결합해서 보드는 약간의 풍하방향을 유지하면서 앞쪽으로 추진하게 되는 것이다.

2. 윈드서핑의 진로 변경

세일에 받은 바람의 압력중심을 풍압중심(C.E : Center of Effort)이라 한다. 또한 동시에 수중에서 대거보드가 받는 측면저항의 중심은 저항중심(C.L.R : Center of Lateral Resistance)이다.

윈드서핑의 진로는 이 풍압 중심과 측면저항 중심의 균형에 의해서 정해진다. C.E와 C.L.R이 동일선상이 되면 세일의 옆쪽으로 흐르는 힘과 수중 측면저항의 힘의 균형이 잡혀 보드는 바람에 대해 직각으로 전진한다. C.E가 C.L.R보다 보드의 순풍 쪽에 있으면 바람의 힘이 보드 앞쪽으로 많이 걸리게 되어 보드는 순풍 쪽을 향하게 된다. 반대로 C.E가 C.L.R보다 뒷쪽에 있으면 바람의 힘이 보드 뒤쪽으로 많이 걸려 보드는 역풍 쪽으로 향한다. 이것이 보드의 진로를 결정하는 이론으로써, 이 조작은 세일을 기울이는 것으로 조정할 수 있다.

〈그림 5-2〉 C.E가 C.L.R보다 앞쪽에 있으면 풍하 방향으로 전환

〈그림 5-3〉 C.E가 C.L.R보다 뒤쪽에 있으면 풍상으로 방향전환

3. 윈드서핑의 범주 방향(Sailing Point)

바람의 방향과 보드를 달리게 하는 방향과의 관계를 생각할 때 편리한 것이 '윈드 클럭(Wind Clock)'이다. 윈드클럭은 바람이 불고 있는 방향을 12시로 하고 자신의 위치를 시계의 중심으로 생각하는 것이다.

보드를 바람 방향과 직각으로 하고 순풍 쪽에 세일을 펄럭이게 하는 상태를 시버링(shivering)이라고 하는데, 시버링 세일의 방향은 6시 방향이다.

윈드서핑에는 바람에 대해 달리는 방향에 따라 각기 다른 명칭이 있다. 윈드클럭으로 배워보기로 한다.

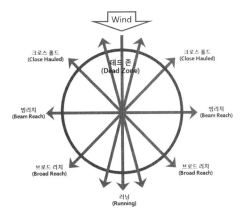

〈그림 5-4〉 윈드서핑의 범주 방향

1) 노고조(No Go Zone / 범주불능지역, Dead Zone)

윈드클럭(wind clock)의 10시 30분부터 1시 30분 방향으로는 보드가 범주할 수 없는 지역으로써 범주불능지역(no-go-zone)이라고 하며, 데드존(dead zone)이라고도 부른다. 이 지역을 관통하여 방향을 전환할 수는 있지만 이 지역에서 범주할 수는 없다. 세일은 펄럭거리며(뱃머리가 바람이 불어오는 쪽으로 돌아감) 보드는 징지할 징도로 느려진다. 그 다음 바람과 함께 표류하기 시작한다. 이 방향으로 보드가 향해지면 처음부터 다시 시작해야 한다. 데드 존에서 탈출하려면 마스트를 순풍 쪽, 즉 선수쪽으로 민다. 그리고 보드가 움직이기 시작하면 세일에 들어간 바람의 양이 늘어나 힘도 커지게 된다. 그러면 뒷발을 한 걸음 내려 앞으로 넘어지지 않도록 허리를 낮춰 세일링 자세를 취한다. 주행한계구역에 위치한 목표점으로 범주하기를 원한다면 바람을 비스듬하게 가로질러 범주하여야만 한다. 주행한계구역의 한쪽에서 다른 쪽으로 지그재그 루트를 따라서 방향전환을 하여야 한다. 이것을 비팅(beating)이라고 한다.

2) 클로즈 홀드(Close Hauled)

거의 데드 존 방향, 즉 역풍방향(약 45도 각도)으로 세일링하는 포인트를 클로즈 홀드라고 한다. 클로즈 리치(close reach)는 비팅(beating)과 빔 리치 사이의 세일링 포인트다. 바로 범주불능지역의 외연에 있는 것이다. 클로즈 홀드는 당신의 보드가 실속 또는 러핑함이 없이 범주할 수 있는 바람과 가장 가까운 각도이다. 세일은 당김 방식(pull mode)으로 작동되고 있다. 이것은 세일로부터 만들어진 모든 동력이 양력에 의하여 발생한다는 것을 의미한다.

조인트는 가장 앞쪽에 세트해서 보드의 수선 길이를 길게 잡고 대거보드는 90°까지 꺼낸다. 이렇게 함으로써 리 웨이(lee way : 목표로 하는 항로보다 바람이 부는 아래쪽으로 흘러 버리는 것)를 막을 수 있다.

바람이 강해지면 풍력으로 보드가 힐(heel : 바람이 불어오는 쪽과 반대의 방향에 놓인 보드 부분이 가라앉아 기운 상태)한다. 이 때문에 세일링 자세나 대거보드의 위치가 크게 변한다. 만약에 오버 힐이 되어 버릴 것 같으면 대거보드의 각도를 45° 정도까지 낮춰도 좋지만 그만큼 상승 각도가 낮아진다. 중·강풍일 때는 약간 힐(heel)시키면서 상승 각도와 스피드를 유지하는 것이다.

3) 빔 리치(Beam Reach)

빔 리치는 윈드 어빔(wind abeam)이라고도 하며 파이브 스텝이나 쓰리 스텝에서 출발하여 바람에 대해서 직각 방향으로 달리는 방법으로 보드를 출발할 수 있으면 곧 빔 리치에서의 세일링을 할 수 있다. 역풍의 목표지점을 향하여 더 이상 진행할 수는 없지만 빔 리치는 빠른 세일링 포인트이다. 좋은 조건에서 빔 리치는 보드를 물의 표면위로 상승하도록 해줌으로써 빠르고 재미있고, 기분을 상쾌하게 만드는 스릴을 맛보도록 하는 데 이용할 수 있다

조인트의 위치는 센터 부근이며 대거보드는 45° 정도 내밀고 달린다. 바람이 강하면 대거보드의 각도를 작게 하는 편이 안정된다.

4) 브로드 리치(Broad Reach)

순풍 방향으로 비스듬히 달리는 세일링으로써 특히 4시, 8시 방향으로의 세일링은 가장 속도가 빠르다. 일명 쿼터 리(quarter lee)라고도 한다. 윈드서핑의 기본 범주 중에서 가장 스피드가 나는 세일링이라고 할 수 있다. 거의 모든 보드가 최대의 속도를 낼 수 있는 세일링이다. 세일은 당김(양력)과 밀기(바람-밀기) 모드의 조합으로부터 동력을 발생시킨다. 바람은 세일의 양면을 흐르면서 양력을 발생시키지만 보다 많은 파워가 바람에 의해서 세일의 역풍 면을 단순히 밀기 때문에 발생한다.

보드와 세일의 각도는 30~45° 이고, 풍압이 강하기 때문에 특히 뒷발에 중심을 두고 허리를 낮춰 균형을 잡는다. 조인트는 센터 부근에 세트하고 중·강풍일 경우에는 조인트를 제일 뒤쪽에 세트해서 가능하면 수면과의 마찰을 줄이도록 한다. 대거보드도 기본적으로는 빔 리치와 같은 45° 정도로 꺼내고 달리는 편이 안정된 세일링을 보장한다.

5) 러닝(Running)

바람을 등으로 받고 6시 방향, 즉 똑바로 순풍 쪽으로 달리는 것으로 균형잡기가 의외로 어려운 테크닉이다. 마스트를 지팡이 대신으로 사용하여 세일을 안정시키고 몸의 중심을 확실히 보드의 중심선상에 놓음으로써 안정된 세일링이 가능해진다. 중·강풍인 경우에는 중심을 뒤쪽으로 두고 발을 약간 앞뒤로 벌려서 균형을 잡도록 한다.

이것은 가장 느린 세일링 포인트이다. 당신의 세일은 바람이 세일의 한 면을 미는, 즉 양력이 없이 전적으로 밀기 양식(push mode)에 의해서만 움직인다. 바람이 마치 움직임을 멈추어버린 것 같은 느낌을 받게 되는 데, 그 이유는 당신의 보드가 사실풍과 동일한 방향으로 움직이기 때문이다. 그렇지만 역풍으로 다시 세일을 돌리면 곧 바람이 여전히 강하게 불고 있는 것을 감지하게 될 것이다.

조인트는 제일 뒤쪽, 혹은 그보다 아주 조금 앞으로 꺼내어 세트하고, 대거보드는 미풍 때에는 90° 까지 꺼내고, 중·강풍이 되면 거둬들여서 저항을 줄이도록 한다.

1. 윈드서핑의 추진원리에 대해 간략히 설명하시오.

2. 윈드서핑의 진로변경은 어떻게 이루어지는지 간략히 설명하시오.

3. 각 세일링 포인트별 범주방향에 대해 개념과 원리를 설명하시오.

장비의 종류와 명칭

제6장에서는 윈드서핑의 구조와 명칭, 그리고 윈드서핑의 범장과 해장에 대해서 소개하고 있다.

윈드서핑의 구조와 명칭에 대해서 익히고 순서에 맞게 장비를 범장함으로써 세일링 중 결합된 부분이 풀리거나 분리되는 일이 없을 것이다. 안전하고 즐거운 세일링을 마친 후 장비를 해장하고 모든 장비 일체를 깨끗한 물로 잘 세척하여 완전히 마른 상태에서 보관해야 한다. 그렇지 않으면 노화가 빨라질 뿐만 아니라 악취의 원인이 되기도 한다.

♣ 장비의 종류
♣ 장비의 명칭과 부품
♣ 기타 용품
♣ 장비 및 용품 관리

1. 장비의 종류

1) 보드의 종류

(1) 올라운드 보드(Allround Board)

흔히 롱 보드(long board)라고 불리우며 길이는 365cm 이상되는 보드로 바람의 세기에 관계없이 어디서나 즐길 수 있다. 또한 지금은 변경되었지만 과거 올림픽 경기 중에 미스트랄 클래스(mistral one-design class)가 올라운드 보드로 하는 경기이다.

올라운드 보드의 특징은 부력(volume)이 좋고 대거보드(dagger board)가 있어 방향을 조작하기가 쉽기 때문에 초급자부터 상급자에 이르기까지 널리 사용된다. 단점은 보드의 크기가 숏 보드에 비해 크기 때문에 혼자 운반하는데 어려움이 있다.

〈그림 6-1〉 올라운드 보드(Allround Board)

(2) 포뮬러 보드(Fomula Board)

비교적 최근에 제작된 보드로 길이는 3m 이하로 짧지만 부력이 크고 보드 윗면(deck)의 폭이 넓어서 약한 바람에서도 윈드서핑을 즐길 수 있으며, 상급자들이 레이스 경기를 펼치기에 적합하게 제작되었다.

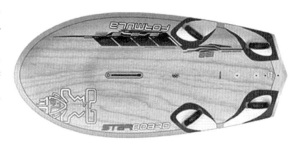

〈그림 6-2〉 포뮬러 보드(Fomula Board)

포뮬러 보드의 특징은 빠른 스피드를 낼 수 있고, 약한 바람에서도 비교적 수월하게 세일링을 즐길 수 있으며, 대거보드가 없어도 풍상 세일링이 비교적 쉽다.

(3) 숏 보드(Short Board)

과거에는 3m 이하의 보드만을 숏 보드라고 하였다. 상급자의 경우 3m 이하의 숏 보드로 스피드와 점프를 즐기고 중급자는 3m 보다 크게 제작된 숏 보드를 즐기게 되었다.

숏 보드의 특징은 최고의 스피드를 낼 수 있으며, 강한 바람에서 윈드서핑을 즐기기에 적합하게 제작되었다. 특히 숏 보드에는 대거보드가 없기 때문에 조작하기가 어려워서 초급자들이 사용하기에는 불편함이 있다. 또한 용도에 따라 슬라롬(slalom), 웨이브(wave), 프리라이드(free ride)의 보드 모양이 다르다.

〈그림 6-3〉 숏 보드(Short Board)

2) 세일의 종류

윈드서핑 세일은 모노필름(투명한 폴리에스터 필름), 데이크론(섬유 폴리에스터)과 마일라(강화 폴리에스테르 필름)로 제작된다. 민감한 부분은 케블라 망사로 보강한다.

세일의 디자인은 두 가지로 대별할 수 있다. 즉, 만곡 유도형 세일(캠버 인듀스)과 회전세일이다. 날개만곡 세일(cambered sails)은 배튼 끝에 1~5개의 만곡유도장치(camber inducer)인 플라스틱 부품을 가지고 있다. 이것은 마스트를 배경으로 흡각을 형성한다. 이 장치는 세일에 고정된 에어포일의 모양을 보전할 수 있도록 하는데 도움을 주며, 스피드와 안정성을 좋게 하는데 도움을 준다. 레이서의 세일들은 캠버 인듀서를 달지만 웨이브 세일과 대부분의 오락용 세일들은 이것을 달지 않는 것이 일반적인 추세다. 세일의 고정성은 또한 배튼의 수에 따라서 결정된다.

초보자용 세일은 종종 배튼을 가지고 있지 않아서 가볍고 미풍일 때 사용하기가 용이하다. 그러나 세일러의 기량이 향상되면 배튼이 부착된 세일을 사용함으로써 강한 바람에 더 안정성을 가져다준다.

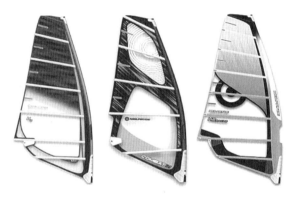

〈그림 6-4〉 세일의 종류(오른쪽부터 프리라이드, 웨이브, 레이스 세일)

회전형 세일(rotational sails)은 마스트의 후면으로 돌출된 배튼을 갖고 있다. 이 세일들은 태킹과 자이빙을 할 때 마스트의 다른 면으로 재빨리 움직일 수 있어야만 한다. 그러므로 이름이 회전이다. 회전형 세일은 바람을 받을 때만 바람이 불어가는 쪽에 에어포일 형상을 만든다. 이 세일들은 바람을 받지 못할 때는 완전히 평면이고 동력을 낼 수 없다.

만곡 유도형 세일과 비교해서 회전형 세일은 직선으로 세일링을 할 때 힘과 안정성이 떨어지지만, 기술을 요하는 기동을 할 때는 조작하기가 용이한 장점이 있다. 또한 회전세일은 범장하기가 훨씬 용이하다.

다양한 윈드서핑 분야, 즉 웨이브, 프리스타일, 프리라이드, 레이스에는 상이한 세일들이 사용된다. 웨이브 세일은 파도에 살아남기 위하여 보강되었고, 서퍼가 하는 것처럼 웨이브를 타기위해 동력을 낮추었을 때 완전히 평평하여야 한다. 프리스타일 세일은 동력이 떨어질 때 평평하여야 하며, 빠른 가속을 위해서는 저압쪽 동력을 높여야 한다. 프리라이드 세일은 사용하기에 편안한 올라운드 세일이고, 위락 윈드서핑 용도로 정해진 것이다. 레이싱 세일은 안락함이나 기동성과 같은 질을 희생하면서 속도를 내는데 초점이 맞추어진 것이다.

〈그림 6-4〉에서 보는 바와 같이 세일은 그 종류가 다양하고 사용자의 선호도나 경기의 종류, 그리고 바람의 세기에 의해 결정하게 된다. 일반적으로 세일은 프리 라이드 세일(free ride sail), 웨이브 세일(wave sail), 레이스 세일(race sail)의 세 가지 용도로 구분된다. 세일의 크기는 전체 면적(m^2)으로 측정되며, 웨이브 용으로는 $3m^2$~$6.5m^2$ 세일을 사용하고, 레이스 용 세일로는 $6m^2$~$12.5m^2$ 크기가 사용된다. 프리스타일과 프리라이드 세일은 중간 범위의 크기를 이용한다. 아동들의 학습용 세일은 $1.7m^2$ 정도로 작을 수 있고 레이싱 세일은 $12.5m^2$ 까지 클 수도 있다.

윈드서핑을 즐기려면 바람의 강도에 따라서 세일의 크기를 바꾸어 가면서 즐기는 것이 이상적이다. 예를 들면 바람이 3~4m/sec 정도일 때는 6.5~$7.5m^2$ 정도의 크기를 사용하고, 5~7m/sec 정도일 때는 5.5~$6.5m^2$ 정도를 사용하며 7m/sec 이상일 때는 $5.5m^2$ 이하의 세일을 사용하는 것이 적합하다. 이러한 구분은 초·중급자가 해당되는 경우이고 상급자는 올라운드 보드를 즐길 때는 $7.0m^2$ 이상의 세일을 사용하기도 한다. 일반적으로 5.0~$7.0m^2$ 정도의 세일을 사용하는 것이 적당하다.

〈표 6-1〉 풍속과 체중에 따른 이상적인 세일 사이즈(㎡)

Rider Wieght(kg)

Wind Speed(kts)	50	55	60	75	80	85	90	95	100	105	110
10	6.7	7.4	8.0	10.1	10.7	11.4	12.1	12.7	13.4	14.1	14.7
11	6.1	6.7	7.3	9.1	9.7	10.4	11.0	11.6	12.2	12.8	13.4
12	5.6	6.1	6.7	8.4	8.9	9.5	10.1	10.6	11.2	11.7	12.3
13	5.2	5.7	6.2	7.7	8.2	8.8	9.3	9.8	10.3	10.8	11.3
14	4.8	5.3	5.7	7.2	7.7	8.1	8.6	9.1	9.6	10.1	10.5
15	4.5	4.9	5.4	6.7	7.1	7.6	8.0	8.5	8.9	9.4	9.8
16	1.8	4.6	5.0	6.3	6.7	7.1	7.5	8.0	8.4	8.8	9.2
17	3.9	4.3	4.7	5.9	6.3	6.7	7.1	7.5	7.9	8.3	8.7
18	3.7	4.1	4.5	5.6	6.0	6.3	6.7	7.1	7.4	7.8	8.2
19	3.5	3.9	4.2	5.3	5.6	6.0	6.3	6.7	7.1	7.4	7.8
20	3.4	3.7	4.0	5.0	5.4	5.7	6.0	6.4	6.7	7.0	7.4
21	3.2	3.5	3.8	4.8	5.1	5.4	5.7	6.1	6.4	6.7	7.0
22	3.0	3.4	3.7	4.6	4.9	5.2	5.5	5.8	6.1	6.4	6.7
23	2.9	3.2	3.5	4.4	4.7	5.0	5.2	5.5	5.8	6.1	6.4
24	2.8	3.1	3.4	4.2	4.5	4.7	5.0	5.3	5.6	5.9	6.1
25	2.7	2.9	3.2	4.0	4.3	4.6	4.8	5.1	5.4	5.6	5.9
26	2.6	2.8	3.1	3.9	4.1	4.4	4.6	4.9	5.2	5.4	5.7
27	2.5	2.7	3.0	3.7	4.0	4.2	4.5	4.7	5.0	5.2	5.5
28	2.4	2.6	2.9	3.6	3.8	4.1	4.3	4.5	4.8	5.0	5.3
29	2.3	2.5	2.8	3.5	3.7	3.9	4.2	4.4	4.6	4.9	5.1
30	2.2	2.5	2.7	3.4	3.6	3.8	4.0	4.2	4.5	4.7	4.9
31	2.2	2.4	2.6	3.2	3.5	3.7	3.9	4.1	4.3	4.5	4.8
32	2.1	2.3	2.5	3.1	3.4	3.6	3.8	4.0	4.2	4.4	4.6
33	2.0	2.2	2.4	3.0	3.2	3.5	3.7	3.9	4.1	4.3	4.5
34	2.0	2.2	2.4	3.0	3.2	3.4	3.5	3.7	3.9	4.1	4.3
35	1.9	2.1	2.3	2.9	3.1	3.3	3.4	3.6	3.8	40	4.2
36	1.9	2.0	2.2	2.8	3.0	3.2	3.4	3.5	3.7	3.9	4.1
37	1.8	2.0	2.2	2.7	2.9	3.1	3.3	3.4	3.6	3.8	40
38	1.8	1.9	2.1	2.6	2.8	3.0	3.2	3.4	3.5	3.7	3.9
39	1.7	1.9	2.1	2.6	2.7	2.9	3.1	3.3	3.4	3.6	3.8
40	1.7	1.8	2.0	2.5	2.7	2.8	3.0	3.2	3.4	3.5	3.7

＊짙한부분의 수치는 실제 활용 불가능한 세일 크기를 나타냄

2. 장비의 명칭과 부품

1) 보드부 명칭

① 바우(bow) : 보드의 앞쪽 끝부분, 노즈(nose, 선수)라고도 함.

② 스턴(stern) : 보드의 뒤쪽 끝부분, 테일(tail, 선미)이라고도 함.

③ 덱(deck) : 보드의 윗면.

④ 보텀(bottom) : 보드의 밑면, 활주면.

⑤ 레일(rail) : 보드의 측면.

⑥ 에지(edge) : 보드의 윗면과 아랫면을 연결하는 레일의 가장 날렵한 부분.

⑦ 조인트 박스(joint box) : 조인트를 끼워 넣는 부분. 앞뒤로 가동하는 것을 슬라이딩 조인트 또는 마스트 트랙, 트랙커라고도 함.

⑧ 대거 케이스(dagger case) : 대거보드를 끼워 넣는 부분.

⑨ 풋 스트랩(foot strap) : 발을 끼워 넣는 부품.

⑩ 대거 보드(dagger board=센터 보드) : 보드가 옆으로 흐르는 것을 방지하며, 역풍을 향해서 달릴 때 반드시 필요한 부품.

⑪ 스케그(skeg) : 보드의 직진을 위해 꼭 필요한 부품으로 핀(fin)이라고도 함.

⑪ 스케그(Skeg)   ⑩ 대거 보드(Dagger Board)

〈그림 6-5〉 보드부의 명칭

2) 리그부 명칭

① 조인트(joint) : 리그부와 보드부를 연결하는 부품.

② 마스트(mast) : 세일을 세울 때 기둥이 되는 부품.

③ 업 홀 라인(up haul line) : 리그부를 수면에서 끌어올릴 때 사용되는 로프.

④ 다운 홀(down haul) : 조인트와 세일을 연결하기 위해 세일 아랫부분에 있는 구멍. 다운 홀 라인을 사용하여 연결함.

⑤ 붐(boom) : 마스트와 함께 세일을 당기고 조작하기 위한 부품. 자동차의 핸들과 같은 기능을 함.

⑥ 붐 엔드(boom end) : 마스트에서 먼 곳에 위치한 붐의 끝부분.

⑦ 아웃 홀(out haul) : 붐 엔드와 세일을 연결하기 위하여 로프를 끼우는 구멍. 아웃 홀 라인(out haul line)을 사용하여 연결함.

⑧ 붐 죠우 (boom jaw) : 붐의 앞부분으로 마스트와 접속하는 부분.

⑨ 인 홀(in haul) : 마스트와 붐을 연결하기 위하여 로프를 끼우는 구멍. 이 로프를 인홀 라인(in haul line)이라고 함.

⑩ 마스트 슬리브(mast sleeve) : 세일에 마스트를 끼워 넣는 부분.

⑪ 윈도우(window) : 세일의 창에 해당하며 투명한 소재로 되어 있는 부분.

최근에는 세일 전체가 필름(film) 재질로 되어 있으며, 세일 전체가 윈도우 역할을 함.

⑫ 배튼(batten) : 세일의 형태를 조정하고 유지하기 위한 가늘고 긴 모양의 부품. 세일에 있는 배튼을 끼워 넣는 부분을 배튼 포켓(batten pocket)이라고 함.

⑬ 마스트 탑(mast top) : 마스트를 슬리브에 넣을 때 가장 윗부분에 해당하는 부분. 일반적으로 리그부의 가장 윗부분을 말함.

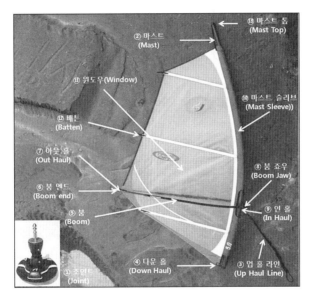

〈그림 6-6〉 리그부 명칭

3. 기타 용품

1) 슈트(Suit)

슈트는 보드의 전복 등으로 인한 체온 저하를 줄일 수 있어 즐겨 사용하는 옷이다. 슈트가 젖으면 합성소재와 피부사이에 얇은 층이 생기는데 이 물은 체온에 가깝게 유지되므로 슈트는 항상 몸에 꼭 맞게 입어야 효과가 있다.

디자인은 원피스형, 상하 따로 되어 있는 투피스형 등 여러 종류의 슈트가 있으며, 최근에는 매우 패션화되어 가는 추세이다. 두께는 스쿠버다이버의 경우 3~5mm를 주로 착용하며, 윈드서퍼는 2~3mm의 얇은 슈트가 적당하다.

〈그림 6-7〉에서 보는 바와 같이 계절에 따라 여러 종류의 슈트를 착용할 수 있다.

〈그림 6-7〉 슈트

2) 구명동의(Life Jackets)

날씨가 좋건 나쁘건 관계없이 지도자와 학생들은 항상 구명동의를 착용하여야 한다. 또한 재킷 또는 조끼와 같은 개인 부유장비들(PFD)은 윈드서핑을 안전하게 하는 데 필수적인 장비이다.

최근에 만들어진 구명동의는 가볍고 입기 편하게 되어 있다. 부피가 큰 코르크 재킷(cork jacket)보다 월등하게 제품의 질이 좋아졌다. 라이프 재킷을 입는 이유는 여러 가지가 있는데, 중요한 이유들은 다음과 같다.

• 라이프 재킷은 물 속에서 동체의 부양력을 높여준다.
• 몸을 따뜻하게 유지시켜준다.
• 윈드서핑을 배울 때 자신감을 심어준다.

라이프 재킷은 국제적으로 공인된 규격품이어야 한다. 공인 고지는 항상 조끼에 재봉을 하거나 스탬프를 찍도록 되어 있다. 구명동의의 색깔은 물위나 물속에 있을 때 쉽게 식별할 수 있는 색을 선택하여야 하는 데, 노란색, 오렌지색이 파란색이나 하얀색보다 훨씬 잘 보인다. 구명동의에 중요한 부품중의 하나는 호각인데, 주의를 환기시키거나 도움을 요청할 때 필요하다. 구명 동의를 물에서 사용하기 전에 육상에서 입고 익혀둘 필요가 있다.

〈그림 6-8〉 구명동의(Life Jackets)

3) 신발(Shoes)

윈드서핑 신발은 발의 보호와 보드위의 미끄럼 방지를 위해 착용해야 하며, 수면 아래의 이물질에 부딪혔을 때도 상처를 막아준다. 최근에는 다양한 아쿠아용 신발도 제작 시판되고 있으며, 여름철에 착용하면 좋다. 반면에 네오프렌 신발은 겨울철에 발을 보온해주기 때문에 보드 위에서 균형잡기가 쉽다.

〈그림 6-9〉 신발

4) 장갑(Gloves)

장갑은 그립에 영향을 미쳐서는 안 된다. 손바닥에 물집이 생기는 것을 막고 손의 보온을 돕는다. 가죽으로 만든 세일링 장갑은 찰과상을 막는 데에 좋고 자유롭게 움직일 수 있어 세밀한 작업을 하기에 수월하다. 네오프렌(neoprene) 재질의 벙어리 장갑의 경우 손가락의 움직임이 제한되지만 방한에는 도움이 된다.

〈그림 6-10〉 장갑

5) 하니스(Harness)

강한 바람이 불 때 세일을 당기기 위해 사용하는 세일링 보조 용품으로 허리 부분에 착용하며, 하니스 라인에 걸게 된다. 이렇게 함으로써 체중을 붐에 걸어서 힘을 절약할 수 있다.

하니스는 세일링을 할 때 팔에 미치는 바람의 힘을 몸 전체에 분산시키므로 장시간 세일링을 할 수 있다. 하니스는 기본적인 기술을 익힌 후에 사용하고 하니스의 종류에는 체스트(chest), 웨스트(waist) 및 팬츠(pants) 하니스 등이 있다.

레이서들에게는 팬츠 하니스가 가장 인기가 있으며, 훅(hook)은 웨스트 하니스보다 아래에 있는 것이 보통이고 등보다는 엉덩이를 사용하여 체중을 싣는다. 이로 인해 리그는 거의 체중으로 지탱한다고 할 수 있다.

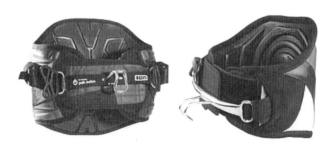

〈그림 6-11〉 하니스

6) 하니스 라인(Harness Line)

붐에 부착된 시트(sheet)로 하니스 훅을 건다. 대개 시트라고 부르며 끈으로 만들어져 있다. 그 중에는 끊어지지 않게 플라스틱 재질로 되어 있는 것도 있다. 일반적으로 하니스 라인은 힘을 분산시킬 수 있도록 띠 모양의 벨트내지는 버클로 붐에 부착하며 하니스 훅을 여기에 걸게 된다.

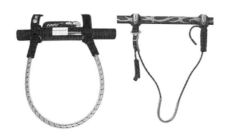

〈그림 6-12〉 하니스 라인

7) 모자, 헤드웨어 및 헬멧

모자는 여름철 강한 햇빛으로부터 두피를 보호하고 시야를 확보하는데 도움이 된다. 또한 헤드웨어는 머리를 보호하고 체온을 유지하는데 사용한다. 겨울철에 네오프렌 재질의 헤드웨어를 착용하면 방한에 문제가 없다.

헬멧은 초보자들은 잘 착용하지 않지만 과격한 트릭을 하는 웨이브 세일과 카이트 세일링에 쓰는 경우가 있다.

〈그림 6-13〉 모자, 헤드웨어 및 헬멧

4. 장비 및 용품 관리

윈드서퍼로써 세일링에 필요한 장비나 용품을 손질하고 수리하여 내구성을 높이고 최상의 기능을 유지할 수 있도록 장비를 제대로 관리하는 것은 세일링 못지않게 중요하다. 학생들은 대부분 개인장비보다는 학교 장비를 대여하여 사용하는 경우가 많다. 그렇기 때문에 관리가 제대로 이루어지지 않아 많은 수리에 비용이 들어가게 된다. 따라서 장비나 용품을 잘 관리하는 윈드서퍼일수록 기술향상이 빠르고 경제적 이득을 얻을 수 있을 뿐만 아니라 세일을 안전하게 즐길 수 있다.

1) 보드관리 요령

일반적으로 초보자가 사용하는 프로덕션 보드라고 불리는 양산형의 보드는 매우 튼튼하여 흠집도 잘 나지 않고, 사용 후 보관하기에도 용이하다. 그러나 차의 캐리어에 얹을 때나 비치가 모래가 아니라 자갈이나 바위가 있는 곳 등에서는 보드를 질질 끌거나 난폭하게 다루면 흠집이 생기거나 손상을 입게 된다.

만일 보드에 흠집이 생기거나 손상을 입으면 그 곳으로 물이 스며들어서 보드가 매우 무거워지고 부패하게 된다. 한 번 물이 스며들면 좀처럼 빠지지 않으므로 흠집이 났으면 세일링을 중지하여 반드시 수리를 해야 한다.

〈그림 6-14〉 보드보관 요령

특히 세일링 후에는 부속품들의 연결 부분에 묻어 있거나 끼어있는 모래, 흙, 바닷물 등을 깨끗한 물로 잘 씻어내야 하며, 센터보드나 핀을 보드와 분리하여 보관하는 것이 바람직하다.

2) 세일의 손질

윈드서핑의 장비 중에서 관리에 가장 신경을 써야 하는 것이 세일이다. 세일링 후에는 반드시 물에 깨끗이 씻고, 잘 말려서 접지 말고 마스트 톱에서부터 둘둘 마는 방법으로 뒷정리를 철저히 한다.

세일을 보관하는 장소는 고온다습한 곳을 피하고, 차 트렁크 등에 넣어 두는 것은 좋지 않으며 윈도우 부분이 하얗게 되거나 곰팡이의 원인이 된다. 또한 직사광선에 오래 노출해 두면 변색되거나 천의 노화를 재촉하게 된다.

그 외 마스트에 감은 채로 보관할 경우는 반드시 다운 홀을 느슨하게 풀어 둔다. 찢김 등의 흠집은 내버려두면 그 부분이 찢어져 버리는 경우가 있으므로 반드시 수리해 두는 습관을 길러야 한다.

3) 용품 관리

세일링에 필요한 각종 슈트, 하니스, 세일링 신발 등도 세일링이 끝나면 깨끗한 물로 잘 세척하여 완전히 마른 상태에서 보관해야 한다. 그렇지 않으면 노화가 빨라질 뿐만 아니라 악취의 원인이 되기도 한다. 물론 보드나 세일 이외의 마스트, 붐, 조인트, 업 홀 라인 등의 소품류도 예외가 될 수 없다.

해안 가까이에서 물 세척을 할 수 없으면 말리거나 마른걸레나 헝겊조각 등으로 깨끗이 닦고 나서 차후에 집에 돌아와 물로 세탁해 건조시킨다.

겨울에만 사용하는 드라이 슈트나 여름에만 사용하는 슈트 등은 시즌 때 사용이 끝나면 하룻밤 정도 물에 담가 완전히 염분을 제거한 후에 옷걸이에 걸어 보관한다. 슈트는 접으면 접힌 부분에 노화 현상이 일어나므로 가능하면 옷걸이에 건 상태로 보관하는 것이 좋다. 또한 도구를 건조할 때 주의할 사항은 반드시 그늘에서 건조시켜야 한다는 점이다.

☒ 연 습 문 제 ☒

1. 보드의 종류에 대해 간략히 설명하시오.

2. 세일의 종류에 대해 간략히 설명하시오.

3. 윈드서핑은 리그부와 보드부로 구분하는데 각 부의 구성요소를 각각 작성해보시오.

4. 리그를 세울 때 들어 올리는 로프의 명칭과 보드를 직진시키는 기능을 하는 부품의 명칭을 작성하시오.

5. 다음 용어의 개념을 각각 설명하시오.
 ① 스케그
 ② 배튼
 ③ 바우
 ④ 스턴
 ⑤ 붐
 ⑥ 마스트

장비의 조립과 운반법

제7장에서는 윈드서핑 장비의 범장과 해장, 운반법, 그리고 론칭과 랜딩에 대해 소개하고 있다.

윈드서퍼는 장비의 범장과 해장 순서를 숙지하고 있어야 하며, 1인 운반법과 2인 운반법 그리고 보드와 리그의 동시운반법을 알고 있어야 한다. 그리고 올바른 론칭과 랜딩 방법에 대해 숙지해야 한다.

♣ 장비의 범장과 해장
♣ 장비 운반법
♣ 런칭과 랜딩

1. 장비의 범장(Rigging)과 해장(De-Rigging)

1) 범장(Rigging)

〈그림 7-1〉 마스트 넣기

우선 바람을 등진자세(back-to-wind position)에서 〈그림 7-1〉과 같이 세일을 펼치고 세일의 전단(러프)을 따라서 슬리브 속으로 마스트를 넣는다.

〈그림 7-2〉 다운 홀 연결

〈그림 7-2〉와 같이 마스트 베이스 속으로 마스트 풋을 밀어 넣는다. 그 다음 세일의 택(밑부분 코너)에 있는 구멍과 클리트(cleat)속으로 다운 홀을 통과시킨다. 세일 슬리브의 주름이 없을 때까지 다운 홀을 잡아당긴다.

〈그림 7-3〉 붐 연결 지점 점검

〈그림 7-3〉과 같이 바람을 등진 자세로 마스트를 수직으로 세우고, 자신의 어깨높이에 해당하는 마스트 포인트를 알아두고 마스트를 내려놓는다.

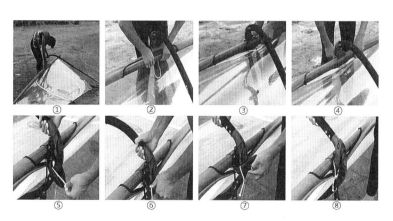

① ② ③ ④
⑤ ⑥ ⑦ ⑧

〈그림 7-4〉 붐 설치

〈그림 7-4〉와 같이 붐 사이로 마스트를 집어넣는다. 그 다음 어깨높이의 포인트에 클램프(clamp, 죔쇠)나 인홀 라인으로 붐을 마스트에 고정시킨다(이 마스트와 붐 결합부위는 견고하게 단단히 매어야 한다).

(*주의 : 회전하지 않는 클램프에서 붐은 마스트와 직각을 이루어야 한다.)

〈그림 7-5〉 붐 위치 점검

〈그림 7-5〉와 같이 바람을 등진 자세로 다시한번 마스트를 수직으로 세우고 붐이 마스트와 수직이 되는 위치에 있는지 확인하고 리그를 내려 놓는다.

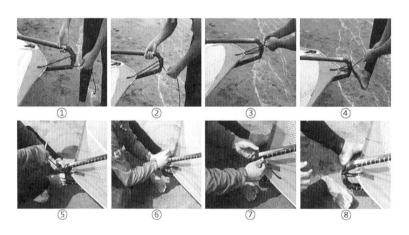

〈그림 7-6〉 아웃홀 연결

〈그림 7-6〉과 같이 아웃 홀을 세일 크루(clew)에 있는 구멍으로 통과시키고 붐 앤드를 거쳐 밧줄거리(cleat) 속으로 통과시켜 단단히 조이고 잡아매어야 . 한다.

〈그림 7-7〉 리그부 범장 최종 점검

〈그림 7-7〉과 같이 바람을 등진 자세로 리그를 수직으로 세우고 풍하로 세일이 펄럭이도록 한다. 그래야 지도자가 리그를 조정하거나 붐 높이를 점검할 수 있다. 그 다음 마스트가 바람과 세로로 되도록 리그를 내려놓는다. 교육용 또는 훈련 세일은 대개 배튼이 없다. 그러나 만약 배튼을 가지고 있다면 다운홀과 아웃 홀을 조인 후에는 배튼을 조여주어야 한다.

〈그림 7-8〉 리그부와 보드부 연결방법

〈그림 7-8〉과 같이 조인트를 이용하여 리그부와 보드부를 연결한다.

2) 해장(De-Rigging)

세일링을 마친 후 육상으로 돌아와서 장비를 분리하거나 풀고 정리하여 지정
된 장소에 잘 보관하는 일도 매우 중요하다. 장비를 해장하기 전에 해야 할 일
은 보드와 리그를 분리한 다음, 장비에 붙어있는 모래나 진흙, 바닷물 등을 깨
끗한 물로 잘 씻어낸다.

특히 아웃 홀 라인과 다운 홀 라인 모두 강하게 매어져 있는 경우에는 해장
시에도 주의해야 한다. 갑자기 아웃 홀 라인이나 다운 홀 라인을 풀게 되면 리
그의 손상을 초래할 수도 있다.

해장방법은 범장의 역순대로 진행하면 되는데 간략히 설명하면 다음과 같다.
먼저 리그와 보드를 분리한다. 그리고 아웃 홀 라인을 풀고 인 홀 라인을 풀어
붐을 세일에서 제거한다. 다음은 다운 홀 라인을 풀어 익스텐션을 마스트에서
제거한 후에 슬리브에서 마스트를 빼낸다. 다운 홀 라인을 먼저 풀게 되면 배
튼이 부러질 수도 있다.

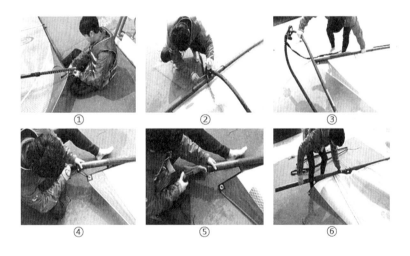

〈그림 7-9〉 윈드서핑의 해장 순서

2. 장비 운반법

윈드서핑 장비를 적절히 다루고 운반하는 것은 결코 어려운 일이 아니다. 보
드와 리그가 비교적 가볍기 때문에 성인이라면 누구나 쉽게 들어 올리고 내릴

수 있으며 몇 가지 요령만 습득한다면 운반하기도 쉽다. 장비를 안전하고도 효율적으로 다루거나 운반하는 요령을 숙지한다.

1) 보드 운반법

보드의 무게는 보통 7~15kg 내외로 가볍다. 보드를 다룰 때는 힘보다는 테크닉이 중요하다. 비교적 손상이 많은 보드의 밑면을 보호하기 위해 보드의 윗면이 지면을 향하도록 뒤집어 놓는다.

1인 운반법

한 손으로 조인트를 잡고 다른 한 손은 대거보드를 잡고 들거나 내리면서 운반한다. 또한 머리나 어깨 위에 올리고 운반하는 방법이 있는데 보드의 앞과 뒷 부분의 무게가 평형이 되는 보드의 측면부를 양손으로 잡고 들어서 머리나 어깨 위로 올려놓고 운반한다.

〈그림 7-10〉 보드 1인 운반법

2인 운반법

두 사람이 보드의 폭이 좁은 앞부분과 뒷부분을 동일한 쪽 팔과 손으로 감싸 잡고 운반한다. 두 사람이 머리 위에 올려놓고 운반할 수도 있다.

〈그림 7-11〉 보드 2인 운반법

2) 리그 운반법

리그는 보드보다 훨씬 가볍기 때문에 다루기 쉽지만 연처럼 바람에 날리기 쉬우므로 바람의 방향과 세기 등을 파악하고 리그를 다루거나 운반해야 한다.

리그를 지면에 놓아두거나 운반할 때는 항상 바람이 불어오는 쪽(풍상)으로 마스트를 위치시켜야 하며, 특히 마스트의 하단부를 바람이 불어오는 쪽으로 향하게 해야 한다. 그렇게 하지 않으면 지면에 놓아둔 리그가 연처럼 바람에 날려가거나 운반 시 바람의 힘에 의해 리그의 무게를 감당하기 어렵게 된다. 특히 강한 바람이 불 때는 리그와 보드를 분리하지 말고 지면에 놓아두는 것이 바람직하다.

1인 운반법

먼저 가까운 거리를 운반할 때는 양팔과 손으로 운반한다. 한 손으로 붐을 잡고 다른 한 손으로는 마스트를 잡아서 양팔로 리그를 수평으로 들어 올리고 운반한다. 이와 동일한 방법으로 잡되 마스트 쪽이 아래로 향하게 하면서 세일을 지면과 수직으로 유지하고 운반하면 먼 거리의 이동도 가능하다.

또한, 리그를 머리 위에 올리고 운반하는 방법이 있는데 한 손으로 붐 윗부분의 마스트를 잡고 다른 한 손으로는 붐을 들어 리그를 머리 위에 올려놓고 운반한다. 바람이 불거나 먼 거리를 운반할 때 가장 좋은 방법이다.

〈그림 7-12〉 리그 1인 운반법

보드와 리그를 동시에 운반하기

보드와 리그를 분리하지 않고 함께 들거나 운반하는 것도 가능하다. 무게가 비교적 가벼운 숏 보드의 경우는 쉽게 할 수 있지만 롱 보드의 경우도 비교적 짧은 거리라면 운반이 가능하다.

먼저 양 팔과 손으로 운반하는 방법이 있는데 한 손으로 풋 스트랩을 잡고 다른 한 손은 붐을 잡아 양팔로 들고 운반한다. 이때 반드시 자기 몸을 중심으로 보드를 바람이 불어오는 쪽(풍상), 리그는 바람이 불어가는 쪽(풍하)에 각각 위치시켜야 한다.

또한 리그를 머리 위에 올려놓고 운반하는 방법이 있는데 한 손은 마스트를 잡고 다른 한 손은 풋 스트랩을 잡아 보드와 리그를 함께 들어 올려 세일만 머리 위에 올리고 보드와 함께 운반한다.

〈그림 7-13〉 보드와 리그 동시 운반법

3. 론칭과 랜딩

1) 론칭(Launching)

장비의 범장이 끝나면 수상에서 연습이 시작된다. 그 전에 보드를 물위로 운반하여 띄워야 한다. 이것을 론칭이라고 한다. 보드를 물위에 내려놓아도 대거 보드가 바닥에 닿지 않도록 무릎 정도의 깊이에서 론칭하는 것이 바람직하다. 바람은 해변을 따라 평행으로 불어오는 때가 가장 이상적이며 이 때 손쉽게 앞바다를 향해 세일링을 할 수 있다.

보드와 리그를 따로 물가까지 들고 간다. 리그가 바람에 날려 가지 않도록 조인트나 마스트를 바람이 불어오는 쪽(풍상)으로 놓는다. 보드는 조류에 의해 금방 떠내려가기 때문에 리그를 물 가운데로 운반하는 게 좋다.

보드를 물 위에 띄웠으면 보드와 리그를 유니버설 조인트로 연결한다. 이 때 대거보드는 수납시키고 보드를 약간 기울여 한 손으로 대거보드의 끝을 잡고 다리로 보드를 지탱한다. 이때 스케그를 손상시키면 안 되므로 너무 얕은 곳에서 하면 안 된다.

〈그림 7-14〉 런칭 방법

2) 랜딩(Landing)

세일링을 끝마치고 육지로 돌아오는 것을 랜딩(landing)이라고 한다. 상륙한 후에는 보드의 선수(bow) 부분을 해변 쪽으로 향하게 한 다음 비치 스타트를 할 수 있도록 준비해 둔다. 랜딩 요령은 다음과 같다.

먼저 해안이 가까워지면 빠르게 러프(luff) 시키거나 마스트 손으로 마스트를 잡고 세일을 열어 속도를 줄인다. 스케그와 대거보드가 바닥에 닿지 않는 위치에서 내린다. 선수(bow)가 육지에 닿으면 세일 손으로 보드의 풋 스트랩을 잡고 세일을 머리 위로 올린 다음 마스트 손으로 잡는다. 이 자세는 비치 스타트할 때와 동일하다.

그 자세 그대로 선수(bow)를 기준으로 하여 풍상 쪽에서부터 보드의 방향을 바꾼다. 보드의 방향이 반대 방향이 되면 세일의 크루 쪽으로 바람이 들어가 한 바퀴 돌게 된다. 한 바퀴 회전한 세일을 보드의 선미(stern) 쪽, 마스트가 풍상 쪽이 되도록 하면 비치 스타트 준비자세가 된다. 그 상태로 끌어올리면 된다.

〈그림 7-15〉 랜딩 방법

⊠ 연 습 문 제 ⊠

1. 리그의 범장 방법에 대해 순서대로 간략히 설명하시오.

2. 보드의 1인 운반법과 2인 운반법에 대해 설명하시오.

3. 윈드서핑의 런칭과 랜딩 방법에 대해 간략히 설명하시오.

기초기술과 자세

제8장에서는 윈드서핑의 기초기술인 스텝 5단계, 스텝 3단계, 보드위에서 180° 회전하기에 대해 소개하고 있다.
초보자들은 스텝 5단계, 스텝 3단계는 세일링에 들어갈 때까지의 기본동작을 익혀야 한다. 이 스텝 단계를 확실하게 습득함으로써 범주가 가능하며, 범주 후 다시 출발한 지점까지 돌아오기 위해서는 세일을 180° 회전하여 보드의 방향을 전환하는 방법을 습득해야 한다.

♣ 세일 업
♣ 스텝 5단계
♣ 스텝 3단계
♣ 180° 회전하기

1. 세일 업(Sail Up)

1) 순풍에서의 세일 업

세일 업의 기본은 바람을 등으로 받으며 세일을 세우는 것이다(back-to-wind position). 마스트 양쪽으로 발을 어깨 넓이로 벌리고 몸은 항상 보드 중심에 있어야 한다. 그리고 체중을 이용해서 세일을 끌어올린다. 세일 업의 포인트는 힘이 아니다. 균형으로 세일을 세우는 것이다.

기본자세

보드는 바람에 대해서 직각, 마스트도 보드에 대해서 직각으로 한다. 등으로 바람을 받고 양쪽 발로 마스트를 끼고, 몸의 방향은 마스트에 대해서 직각으로 한다.

무릎과 등을 똑바로 펴고 세일을 끌어당긴다.

업 홀 라인의 밑 부분을 한쪽 손으로 잡고 등과 무릎을 펴고 상체를 천천히 뒤로 기울여 모든 체중을 사용해서 세일을 들어올린다. 이때 턱은 당기고 세일을 확실하게 바라본다.

양손으로 번갈아 가며 세일을 당긴다.

세일이 올라옴과 동시에 업 홀 라인을 양손으로 번갈아 끌어당긴다. 몸은 뒤로 기울인 자세 그대로 유지하고 손으로만 당긴다. 몸과 마스트로 V자 균형을 취한다.

물에 빠지지 않도록 주의한다.

붐 엔드가 물에서 올라오는 순간 세일 전체는 가벼워진다. 그때까지 몸을 뒤로 기울이고 있으면 그대로 물속에 빠져버리므로 세일이 올라오기 직전에 무릎을 약간 구부려 균형을 맞추면서 세일을 올린다.

시버링으로 마무리한다.

세일이 물속에서 빠져 나왔을 때는 업 홀 라인의 맨 앞부분을 잡는다. 그리고 몸과 마스트 사이가 너무 벌어지지 않도록 하면서 V자 균형을 취한다. 이 상태를 시버링이라고 한다.

2) 역풍에서의 세일 업

바람 방향쪽(windward, upwind 풍상, 역풍)으로의 세일링 기법을 가장 먼저 배워야 한다. 세일링 방법을 배울 때 자신이 표류하거나 풍하로 불려가고 있는 것을 종종 발견하게 될 것이다. 당신이 출발하였던 지역으로 되돌아오려면 역풍으로 세일링하는 법을 반드시 배워야 한다. 역풍에 넘어져 있는 세일을 세우려고 하면 세일은 순풍 쪽으로 돌아가려고 한다. 역풍에서 세일을 세울 때의 요점은 세일이 올라오면서 회전하면 몸의 위치도 회전시켜야 한다는 것이다. 세일은 순풍으로 이동하면 안전하므로 거기서 다시 시버링까지 한 번에 한다. 세일링 포지션과 동일한 스탠스와 그립을 활용하고 돌풍(puffs)과 소강(lull) 그리고 풍향의 변화를 주시하여야 한다. 물위에 어둡게 보이는 점이 당신을 향하여 오는 것을 감지했다면 무릎을 구부리고 세일을 조금 열 준비를 하여야 한다.

보드는 바람 속으로 곧장 세일링할 수는 없다. 바람 속으로 세일링하려고 시도한다면 세일은 펄럭거리며 실속을 하게되고 곧 정지해 버릴 것이다. 이 지역을 범주불능지역(no-go-zone)이라고 부른다. 바람 방향쪽으로 가장 가깝게 세일링할 수 있는 각도는 약 45도이다. 이 45도가 풍상 바람 각이다. 풍상으로 세일링 하려면 센터보드를 내림 위치로 해야 하고 세일을 닫거나 당겨서 붐 뒤 끝이 보드의 풍하 쪽에 가깝게 위치하도록 하여야 한다. 이 풍상 위치를 클로즈 홀드라고 부른다.

클로즈 홀드로 세일링할 때는 스티어링(steering)이 중요하다. 만약 바람과 너무 가깝게 조종하면 세일은 실속하거나 리프하여 속도가 줄고 멈추게 될 것이다. 만약 바람으로부터 너무 멀리 떨어져서 조종하면 속도를 빠르게 할 수는 있지만 풍상(바람방향)목표 지점을 향하여 바르게 전진하지 못할 것이다.

풍상 적소(upwind groove : 속도와 풍상 전진이 최적으로 결합된 주로)를 알아내기 위해서는 리그를 보드 뒤쪽으로 약간 움직여서 출발한다. 보드는 바람 방향으로 약간 돌아갈 것이다. 만약 당신이 마스트 바로 뒤 만곡된 세일의 앞 가장자리를 본다면 만곡 형상이 느슨하고 당신 쪽으로 밀려있는 것을 볼 수 있을 것이다. 이것은 세일이 실속중이고 세일에 걸린 파워가 느슨해지고 있다는 것을 의미한다. 범주불능지역으로 들어가기 시작한 것이다. 리그를 약간 앞쪽으로 유연하게 움직이면 보드는 범주불능지역으로부터 벗어나서 다시 세일의 만곡모양을 되찾고 힘을 얻게 될 것이다. 그러면 속도와 기동성을 되찾을 수 있을 것이다.

완벽한 풍상적소로 보드를 조종하는 것은 상당한 연습을 요구한다. 최상의 조언은 조종할 때는 조금씩 수정해야한다는 점이다. 세일이 막 실속을 시작할 때까지 바람방향으로 보드를 회전시키고 그 다음 세일이 실속을 멈추는 지점인 풍하 방향으로 보드를 회전시킨다. 조종할 목표지점을 찾아서 선수(bow)와 일직선이 되게 한다. 풍향과 세기는 항상 동일하게 머물러있지 않기 때문에 최적의 풍상 각에서 세일링을 하고 있다는 것을 확신하기 위해서는 이 전략을 반복해야만 한다.

바람의 힘을 이용하여 세일을 역풍 쪽으로 이동시킨다.

역풍에서 세일 업을 하면 바람이 세일 아래쪽을 파고들어 세일을 들어올려 준다. 또한 바람은 세일을 순풍 쪽으로 회전시킨다. 이 바람의 힘을 이용해서 세일을 역풍 쪽으로 이동시키면 된다. 이때 중요한 것은 세일과 함께 몸도 회전해야 한다는 점이다. 항상 마스트에 대해서 정면을 향하고 있도록 세일의 움직임에 따라 몸의 이동을 맞춘다.

보드를 적정 위치까지 회전시킨다.

업 홀 라인의 맨 앞부분을 잡고 세일을 좌우로 움직여 본다. 그러면 보드가 쉽게 회전한다는 것을 알 수 있다. 좌우로 조금씩 세일을 움직이면서 회전하고 싶은 방향으로 보드를 발로 돌린다. 이때에도 몸은 마스트에 대해서 정면을 향하고 있도록 이동해야 한다.

붐을 보드에 얹고 천천히 물을 뺀다.

보드 위에 붐을 얹고서 세일을 세우기 시작하면 붐 엔드가 처음부터 낮은 위치가 되어 세일을 세우는 데 큰 방해가 되는 물 빼기가 아주 쉬워진다. 세일이 역풍 쪽에 있을 때는 바람에 의해 세일이 수면에 눌려져 있어 세일 세우기가 어렵게 된다. 그러나 세일이 순풍 쪽에 있을 때는 이 방법으로 하면 아래쪽으로 바람이 들어가 그 바람이 세일을 들어올려 준다. 또 세일이 순풍 쪽으로 회전하는 것도 적어진다. 이것 역시 몸의 위치에 주의해야 한다.

3) 세일 조절하기

세일을 문 여닫는 것에 적용하여 보면, 뒷손은 도어핸들 또는 손잡이로, 앞손은 경첩으로 간주할 수 있다. 속도를 조절하기 위하여, 바람에 대하여 올바른 각도로 세일을 조절하기 위해서 또는 바람에 압도당했을 때 안전판으로서의 역할을 할 수 있도록 문(세일)을 열고 닫을 수 있다.

속도를 줄이고 싶으면 문(세일)을 열어서 힘을 빼도록 한다. 세일 앞 가장자리는 그것의 모양이 약해지고 펄럭거리기 시작한다(러핑 : luffing). 만일 속도를 다시 얻고 힘을 증가시키기 원하다면 문(세일)을 닫는다. 그러면 세일은 펄럭거림을 멈추게 될 것이다. 세일로부터 최상의 파워와 퍼포먼스를 얻으려고 하면, 세일이 플랩핑(flapping : 위 아래로 흔들리는 움직임)을 멈추는 바로 그 위치를 확보하기 위하여 세일을 열거나 닫아야만 할 것이다.

퍼프(puff)가 오고 자신에게 과 압력이 작용한다면 속도를 줄이고 제어하며 버티기 위해서는 세일을 조금 열어야 한다. 퍼프가 사라지면 다시 속도를 증가하기 위하여 세일을 닫아준다.

실제로 큰 퍼프가 강타한다면 조정하고 버티기 위해서 비상안전(fail-safe) 조치를 취해야 한다. 이 때 뒷손을 붐으로부터 완전히 떼고 앞 팔을 일직선으로 펴서 세일을 풍하로 향하도록 하여야 한다. 그러면 문은 완전히 열린 상태가 된다. 세일은 풍하로 펄럭이고 전혀 동력을 내지 못하게 되며, 제어할 수 있는 상태가 된다. 다시 세일링을 하기 위해서는 세일링 포지션으로 돌아오면 된다.

처음 세일링을 시작할 때 보드는 바람을 가로질러 직각 방향에 위치한다. 문(세일)은 약 반쯤 닫고 세일을 바람 불어가는 쪽(풍하)으로 밀어가려면 문(세일)은 1/2이상 열어야 한다. 만약 세일을 바람 불어오는 쪽(풍상)으로 근접시키려면 문을 1/2보다 더 닫아야 할 것이다. 특히 세일을 지나치게 닫지 말아야 한다는 점을 명심해야 한다. 초보자일 때 이러한 실수는 많이 일어난다. 세일을 너무 많이 닫으면 세일의 양면을 따라서 바람이 순탄하게 흐르는 유속을 억제하게 된다. 이것을 가리켜 실속(stalling)이라고 부른다. 이것이 발생했을 때 보드는 속도가 줄고, 앞 손이 강하게 당기며, 세일은 앞 가장자리를 따라 세일의 만곡 모양을 잃기 시작하는 것을 알아차릴 수 있을 것이다. 세일을 조금 열어 본다. 만약 속도가 증가하면 이것은 세일이 지나치게 닫혀있었다는 것을 말해주는 좋은 지표이다. 각각의 궤도 변경 후 당신의 세일의 위치를 재점검하여야 한다. 세일을 지나치게 닫는 것은 초보자들이 겪는 보편적인 실수 중의 하나이다.

세일을 활용하는 두 번째 방법은 세일링 중에 보드의 앞, 뒤로 세일을 움직여서 보드를 조종하는 것이다. 세일을 보드의 선미(stern)쪽으로 움직이면 보드의 앞부분은 바람 방향 쪽으로 회전할 것이다. 만약 세일을 선수(bow)쪽으로 가져가면 보드는 바람과 멀어지는 쪽으로 회전한다.

풍상 또는 풍하로 조종할 때는 언제든지 다음 사항을 반드시 지켜야 한다.

- 앞발은 마스트 바로 뒤 가까운 위치에 두고 선수를 가리킨다.
- 뒷발은 보드의 중앙선 위에 가로로 놓고 앞발과의 간격은 어깨넓이로 한다.
- 다리의 긴장을 푼다.
- 엉덩이는 치켜올린다.
- 세일의 측면 당김에 대비하여 허리를 곧게 편다.
- 양손은 어깨넓이 이상 떨어져서는 안 된다.
- 머리는 높게 들고 전방을 주시하기 위하여 동체를 앞으로 회전한다.

2. 스텝 5단계

스텝 5단계란 세일링에 들어갈 때까지의 다섯 개의 기본동작이다. 이 스텝 5단계를 확실하게 습득함으로써 비로소 세이프티 세일링(Safety Sailing, 안전항해)이 가능하다.

1) 뉴트럴 포지션(Neutral Position)

뉴트럴 포지션으로 들어가는 것이 세일링을 시작하는 첫번째 단계이다. 먼저 바람을 등지고 조인트(joint)를 중심으로 어깨 너비로 선 다음 보드와 세일을 수직으로 만든 후 세일을 수면으로 끌어올린다. 이때 중심은 가운데 두고 체중을 이용하여 무릎을 펴면서 뒤로 넘어지듯이 당기면 쉽다. 이렇게 당긴 후 보드 바우(Bow)쪽에 위치한 손을 편하게 뻗어 마스트를 잡고 뒷손은 업홀라인(uphaul line)을 바짝 당겨 잡는다. 이때 업홀라인을 자기 몸 쪽으로 너무 잡아당기면 중심을 잃고 뒤로 넘어질 수 있으니 주의하여야 한다. 그러나 익숙하지 못한 초보자는 세일을 일으킨다든지 할 때에 파도나 바람으로 인해 뉴트럴 포지션 유지하는 것이 잘 안 된다. 무리하여 세일링하는 사람도 있으나 당치 않은 일이다. 이럴 때에는 초조해 하지 말고 보드를 뉴트럴 포지션으로 돌려놓는 것이다. 부자연스런 형태로 자세를 고쳐 리그를 세우려고 하지만 균형을 잃어버리거나 세일을 수면에 넘어뜨리게 된다.

〈그림 8-1〉 뉴트럴 포지션

2) 스텝 5단계 동작

스텝 1

〈그림 8-2〉와 같이 보드 스턴(stern : 선미)쪽에 위치한 발을 뒤쪽으로 반보 정도 옮긴다. 발을 뒤로 이동할 때 조심하지 않으면 뉴트럴 포지션 상태가 흐트러지기 때문에, 마스트를 세운 상태에서 양손을 진행 방향 어깨 쪽에 가깝게 잡는다.

〈그림 8-2〉

스텝 2

〈그림 8-3〉과 같이 바우 쪽의 발(앞쪽 발)을 진행방향으로 이동시켜 조인트(joint) 바로 옆에 붙인다. 그리고 진행하는 방향으로 향한다. 이때 앞 발을 조인트보다 뒤쪽에 두면 마스트를 세우는 것이 어려워진다.

〈그림 8-3〉

스텝 3

〈그림 8-4〉와 같이 업홀라인을 잡은 아래쪽 손(마스트 손)으로 붐 죠우 바로 아랫부분의 마스트를 잡고 다른 손(세일 손)은 어깨 폭 정도의 지점의 붐을 잡는다. 붐 죠우 아랫부분을 잡고 있는 손은 보드가 전진하고 난 후 붐을 잡게된다.

〈그림 8-4〉

스텝 4

〈그림 8-5〉와 같이 몸을 진행방향으로 향한다. 이때 허리의 회전을 이용하여 붐을 수면과 평행하게 한다.

〈그림 8-5〉

스텝 5

〈그림 8-6〉과 같이 붐 죠우 바로 아랫부분을 잡고 있는 손(마스트 손)은 보드가 전진과 동시에 붐을 잡게 되는데 이때 붐 죠우(boom jaw)에서 15~20cm 정도의 지점을 잡게 된다.

스텝 5까지 끝나면 세일링이 시작되는데 이때 마스트 손은 세일의 무게를 지탱하는 축이 되고, 세일 손은 세일을 몸 쪽으로 당겼다 놓았다 하며 세일에 바람이 들어오게 하고 세어 나가게 하는 역할을 하게 된다.

〈그림 8-6〉

3. 스텝 3단계

파이브 스텝을 보다 간단하게 하여 빠르게 출발을 할 수 있도록 만든 것이 쓰리 스텝이다. 중풍이나 물결의 상태가 심하여 보다 빠른 출발이 필요할 때에 효과적인 방법으로써 중급 이상의 세일러는 항상 이 쓰리 스텝으로 출발하고 있다.

스텝 1

〈그림 8-7〉과 같이 세일 업이 완료되어 시버링 자세를 취했으면 그와 동시에 스턴 쪽의 다리를 벌리고 앞발은 조인트 옆으로 이동시켜 진행방향으로 향한다. 스텝 5단계의 1단계와 2단계를 동시에 실시한 것이다.

〈그림 8-7〉

스탭 2

〈그림 8-8〉과 같이 앞발을 더욱 뒤쪽으로 이동시키면서 몸 전체를 진행방향으로 향하고 마스트 손으로 마스트를 몸 앞으로 끌어당긴다. 이 동작 후 세일 손으로 붐을 잡는다. 스텝 5단계의 3단계와 4단계를 동시에 실시한 것이다.

〈그림 8-8〉

스탭 3

〈그림 8-9〉와 같이 스텝 2단계에서 붐으로 바꿔 쥔 손으로 세일을 조금씩 끌어당기기 시작한다. 보드가 출발하면 마스트 손을 붐으로 이동시키고 허리를 낮춰 양손으로 붐을 끌어당긴다.

〈그림 8-9〉

4. 180° 회전하기

1) 180° 회전하기

뉴트럴 포지션 자세를 습득하면 세일에 바람을 받아 바로 범주하고 싶은 욕구가 생긴다. 그러나 그 전에 익혀야 할 중요한 기술이 하나 더 있다. 초보자들은 앞으로 전진한 후에 출발점으로 다시 되돌아오기가 힘들다. 따라서 먼 바다로 나가기 전에 방향을 180° 회전하는 방법을 습득해야 한다.

뉴트럴 포지션

뉴트럴 포지션에서 리그를 기울여 보드를 회전시킨다. 리그를 계속 기울이고 있으면 180° 회전하게 된다.

리그를 기울인다.

먼저 리그를 보드의 선미 쪽으로 기울이며 회전을 시작한다. 움직임은 느리지만 정확하게 하는 것이 중요하다. 리그를 빠르고 크게 움직이면 그 만큼 보드의 회전도 빨라진다. 초보자는 동작을 작고 천천히 움직이도록 한다. 회전의 첫 단계에서는 발을 센터라인 위에 두고 무릎을 약간 구부려 균형을 유지한다.

바람의 중심을 지나간다.

회전을 계속하면 보드의 선수부분이 바람이 불어오는 쪽을 향하게 된다. 정면으로 바람이 불어오는 쪽, 즉 바람의 중심을 향하고 그 중심을 지나가게 된다. 이 조작을 할 때 중요한 것은 발의 위치이다.

리그를 기울인 채 조인트를 중심으로 회전함에 따라 보드의 뒷부분이 회전하는 것을 알 수 있다. 이렇게 하면 다시 뉴트럴 포지션으로 돌아가지만 세일 보드가 출발할 때와 반대방향을 향하게 된다. 이때 바람은 등 쪽에 있으므로 어깨는 리그와 수직을 유지하도록 한다.

오른 쪽으로 회전한다.

회전이 끝나면 다음 회전 또는 조작에 들어가기 전에 뉴트럴 포지션으로 돌아가야 한다. 뉴트럴 포지션으로 돌아오면 출발 때와 반대 방향을 하고 있게 된다.

2) 로프 태킹(Rope Tacking)

보드의 선수가 풍상 쪽으로 180° 회전하도록 하는 기술이다. 중립자세에서 양손으로 업홀 라인을 짧게 잡거나 마스트를 잡고 세일을 보드의 뒤쪽으로 기울이면 보드의 선수가 바람이 불어오는 쪽(풍상)으로 회전한다.

로프 태킹은 반대 택으로 옮겨 가기 전에 뒤발을 사용해서 보드를 돌려주는 것이 기본이지만 속도에 중점을 두고 제작된 숏보드 등은 이 회전이 어렵다. 초보자의 경우 보드의 회전 부족 때문에 반대 택으로 몸을 이동하기 어려울 때는 업홀 라인을 잡은 채 세일을 비스듬히 이동함으로써 보드를 돌려주는 로프 태킹이 효과적이다.

클로즈 홀드에서 러프시켜 가는 과정은 기본 태킹과 마찬가지이다. 보드도 가능한한 돌려간다. 조인트 앞에 선 채로 양손으로 업홀 라인을 잡고 마스트를 좌우 어느 한쪽으로 기울여 보드를 더욱 회전시킨다. 이때가 불안정하기 때문에 가능한 조인트 가까이에 서서 무릎은 낮추고 균형을 유지하는 것이 중요하다.

〈그림 8-10〉 로프 태킹

3) 로프 자이빙(Rope Jibing)

로프 태킹과 반대로 보드의 선수가 풍하 쪽으로 180° 회전하는 기술이다. 뉴트럴 포지션에서 세일을 보드의 앞쪽으로 기울이면 보드의 선수가 풍하 쪽으로 움직인다. 태킹과 마찬가지로 조인트를 중심으로 발을 이동하면서 마스트가

도는 반대 방향으로 계속해서 돌게 되면 180° 회전하게 된다. 이때에도 마스트
는 항상 윈드서퍼의 정면에 위치해야 한다.

　연습방법은 업홀 라인을 잡고 세일을 기울이면서 몸은 반대 방향으로 이동한
다. 방향을 바꾼 후에는 뉴트럴 포지션을 취한 후 베어시켜 출발하면 풍하 쪽
으로 진행하게 된다.

　초보자는 불안정한 자세 때문에 발을 움직이지 않고 고정하는 경향이 있다.
보드 위에서는 발을 고정하기 보다는 자주 움직이면서 균형을 잘 유지하는 것
이 태킹과 자이빙을 보다 쉽게 할 수 있다.

〈그림 8-11〉 로프 자이빙

✖ 연 습 문 제 ✖

1. 순풍에서의 세일업과 역풍에서의 세일업을 구분하여 간략히 설명하시오.

2. 스텝 5단계와 3단계에 대해 간략히 설명하시오.

3. 180° 회전이 왜 필요한지에 대해 간략히 설명하시오.

4. 로프 태킹과 로프 자이빙의 요령을 간략히 설명하시오.

제9장

방향전환기술

제9장에서는 방향전환기술인 세일트림과 보드트림, 러핑업과 베어링 어웨이, 태킹, 자이빙에 대해서 소개하고 있다.
윈드서핑에는 요트와 같이 조정할 수 있는 키가 없다. 따라서 세일과 보드의 조작으로 방향 전환을 해야 한다. 이처럼 세일과 보드를 사용해서 능숙하게 방향을 바꿀 수 있다면 윈드서핑을 자유자재로 즐길 수 있을 것이다.

♣ 세일트림과 보드트림
♣ 러핑업과 베어링 어웨이
♣ 태킹
♣ 자이빙

1. 세일트림과 보드 트림

윈드서핑에는 요트와 같이 조정할 수 있는 키가 없다. 따라서 세일과 보드의 조작으로 방향 전환을 해야 한다. 세일을 조작하여 진로 변경하는 것을 세일 트림, 보드를 조작하여 진로 변경하는 것을 보드트림이라 한다. 이처럼 세일과 보드를 사용해서 능숙하게 방향을 바꿀 수 있다면 윈드서핑을 자유자재로 즐기며 탈 수 있게 될 것이다.

1) 세일트림(Sail Trim)

세일 트림(sail trim)은 세일을 포함한 리그 전체를 전후좌우로 기울여 진로를 변경하는 것을 말한다. 리그는 윈드서핑에서 자동차의 핸들과 같은 역할을 한다. 세일 전체에 받는 바람의 힘 중심을 '풍압 중심'이라고 하는데 풍압 중심에 걸리는 힘이 보드에 전해져 보드를 전진시키게 된다. 또한 보드에는 물속의 측면저항 중심이 있는데, 일반적으로 측면저항 중심은 대거보드에 있다. 이 수중의 측면저항 중심에 바람의 힘을 받아 보드가 옆으로 흐르는 것을 방지하고 전진하는 방향으로 힘의 방향을 바꾸어 주게 된다.

윈드서핑은 이 풍압중심과 측면저항 중심의 위치를 이동시킴으로써 진로를 변경할 수 있게 된다.

직진시키는 경우

풍압 중심과 측면저항 중심이 겹칠 때 보드는 직진하게 된다. 붐을 수면에 평행하게 하면 세일의 풍압 중심이 대거보드의 측면저항 중심 바로 위에 있기 때문에 실제로 세일링 때는 붐이 수면과 평행이 되도록 하여 범주한다.

역풍 방향으로의 진로변경

붐을 보드의 선미 쪽으로 기울이면 풍압 중심은 수중의 측면저항 중심보다 뒤로 이동한다. 그러면 풍압 중심에 걸린 힘은 대거 보드를 중심으로 보드의 선미 쪽을 누르는 힘으로 작용한다. 그 결과 보드는 역풍 방향으로 향하게 된다.

순풍 방향으로의 진로변경

붐을 보드의 선수 쪽으로 기울이면 풍압 중심은 수중의 측면저항 중심보다 앞으로 이동한다. 그러면 풍압 중심에 힘이 보드의 선수 쪽을 누르는 힘이 작용하여 보드는 순풍 방향으로 향하게 된다.

러닝 때의 진로 변경

러닝 때 진로를 변경하려면 붐을 왼 쪽으로 움직이면 선수는 오른 쪽 방향으로 이동하며, 붐을 오른 쪽으로 움직이면 선수는 왼쪽으로 진로를 변경한다.

2) 보드트림(Board Trim)

보드 트림(board trim)은 보드를 발로 조작하면서 진로를 변경하는 것을 말한다. 윈드서핑은 수상에서 보드를 타고 달리기 때문에 보드의 밑 바닥은 항상 불안정한 상태에 있다. 따라서 균형을 제대로 잡지 못하면 보드 트림의 기본인 보드에 압력을 가할 수 없다. 수상으로 나가면 먼저 보드만을 사용해 보드 위에서 균형을 잡는 연습부터 시작하는데 보드 위에서 보드의 전후좌우로 이동하는 연습을 한다. 그리고 보드의 중심에서 회전하는 연습을 하며, 보드에 선 채로 보드의 레일을 좌우로 번갈아가며 물에 잠기도록 힘을 가해본다. 이러한 동작을 반복해서 연습하면 보드 트림이 가능하게 된다.

직진하는 경우

직진할 때의 보드는 수면에 평평하도록 조정한다. 자신도 모르는 사이에 발에 무리한 힘이 들어가 보드에 압력을 가하게 되면 보드는 직진하지 못하게 된다. 이는 어떠한 보드도 마찬가지이다.

역풍 방향으로의 진로 변경

진행 방향으로 향하면서 뒷발로 순풍 쪽을 밀어내듯이 보드에 압력을 가하면 보드의 선수 쪽이 역풍 쪽으로 바뀌게 된다.

순풍 방향으로의 진로 변경

진행방향으로 향하면서 앞발로 순풍 쪽을 밀어내듯이 보드에 압력을 가하게 되면 보드의 선수 쪽이 순풍 쪽으로 진로를 변경할 수 있다.

2. 러핑 업과 베어링 어웨이

보드와 리그의 조작에 어느 정도 익숙해지면 진로 변경의 기본인 러핑 업 (luffing up; 보통 간단히 러프라고 함)과 베어링 어웨이(bearing away: 보통 간단히 베어라고 함)에 도전해본다. 이것은 세일 트림과 보드 트림을 결합한 가장 기본적인 진로변경 기술이다.

처음에 연습할 때는 세일 트림만으로 풍압 중심의 위치를 옮기는 것에 의해서 보드의 진로가 변경되는 것을 확인하고, 숙달되면 보드에 더욱 압력을 가해서 보다 빠르고 쉽게 회전이 가능하도록 연습해보자.

1) 러핑 업(Luffing Up)

(1) 붐 엔드를 천천히 내리기 시작하면서 동시에 양발로 힘을 주고 있던 신체 중심을 뒷발로 옮긴다.

(2) 붐 엔드를 내리는 것과 동시에 세일을 바짝 끌어당긴다. 앞발은 거의 들어 올려질 정도로 힘을 빼고 모든 체중을 뒷발에 두고 보드를 순풍 쪽으로 눌러 간다.

(3) 붐과 보드가 평행이 될 정도로 끝까지 붐을 당긴다. 이때 붐 엔드나 세일이 수면에 닿지 않도록 주의한다. 이 상태를 유지하고 있으면 보드는 데드 존으로 향하게 된다.

2) 베어링 어웨이(Bearing Away)

(1) 붐을 잡은 손을 몸 앞으로 더욱 당기면서 세일을 조금씩 연다. 이때 앞발로 보드의 선수 쪽을 눌러 압력을 가한다.

(2) 붐을 잡고 있는 손을 뒤로 이동시켰다가 비스듬히 앞쪽으로 누르듯이 하면서 붐 엔드를 위로 올린다. 그리고 뒷발은 한 걸음 뒤로 빼서 커진 풍압에 의해 몸이 앞 쪽으로 넘어가지 않도록 허리를 낮춘다.

(3) 보드가 회전하기 시작하면 마스트를 더욱 바깥쪽으로 기울도록 해서 회전을 빠르게 한다. 앞발은 보드를 순풍 방향으로 차 내듯이 하여 압력을 계속 가한다. 이때 손으로는 마스트를 보드에 단단하게 눌러 붙이듯이 하여 안정시키고, 세일의 조정은 세일 손으로 한다.

(4) 이 자세를 유지하고 있으면 보드는 완전하게 순풍을 향한 러닝의 세일 상태가 된다. 러닝이 되었으면 보드를 계속 누르고 있던 앞발을 뒤로 이동시킨다.

3. 태킹(Tacking)

태킹(tacking)은 클로즈 홀드의 범주상태에서 보드를 더욱 러프시켜 바람이 불어오는 쪽(역풍)으로 방향을 바꾸는 것을 말한다. 태킹은 역풍 쪽에 목표지점이 있을 때 클로즈 홀드와 태킹을 사용해서 지그재그로 전진한다. 이것을 비팅(beating)이라고 한다.

태킹은 회전할 때 약한 바람에서는 천천히 회전하고 강한 바람일 때는 빠르게 회전하는 것이 중요하다. 보드의 스피드를 이용해서 노고존 지역으로 들어와 재빨리 반대쪽으로 옮겨가는 것이 중요하지만 보드의 스피드가 감소되기 때문에 매우 불안정한 상태가 된다. 따라서 태킹의 포인트는 가능한 한 빨리 보드를 회전하여 반대쪽으로 옮겨가는 것과 앞발로 베어시켜 세일에 바람을 넣는 것이다.

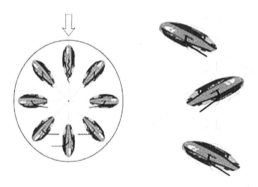

〈그림 9-1〉 세일링 포인트와 비팅

1) 기본동작

클로즈 홀드의 세일링에서 시작한다. 리그부를 보드 뒤쪽으로 기울이면서 세일 손(뒷손)으로 세일을 최대한 끌어 당겨 세일을 보드 위에 위치시킨다. 보드가 풍상 쪽으로 회전하여 노고존 구역으로 진입하게 된다. 세일에 받던 풍압이 점차 약해지기 시작한다.

보드 위에 서서 균형을 유지하기 어려울 정도로 풍압이 약하게 느껴지면 마스트 손(앞 손)으로 마스트를 잡고 앞발을 조인트 앞쪽에 가깝게 위치시킨다. 앞발의 앞부분을 축으로 해서 몸을 회전시키면서 세일 손을 옮겨 마스트를 잡고 동시에 뒷발을 조인트에 가깝게 이동시킨다.

앞발을 이동시켜 보드의 센터라인과 교차되도록 밟고 마스트 손으로 붐을 잡는다. 리그부를 세우면서 뒷발을 옮겨 나아갈 방향에 나란히 놓는다.

마스트와 붐을 잡고 있는 양손과 팔로 세일을 당기면 보드가 출발하기 시작한다. 이때 리그부를 앞쪽으로 많이 기울여야 보드가 쉽게 움직인다. 보드가 전진하기 시작하면 마스트를 잡고 있던 손을 이동하여 붐을 잡고 붐이 수면과 평행이 될 때까지 리그를 세워 평상시 세일링 자세를 취한다.

2) 연습방법

1단계

클로즈 홀드 세일링으로 가능한 노고존 구역에 가깝게 접근하는 연습을 한다. 세일에 바람을 많이 받을수록 보드의 회전이 빨라진다. 리그를 뒤쪽으로 기울이면서 세일을 최대한 끌어 당겨 붐과 세일이 보드의 센터라인 부근까지 접근하게 한다. 시선은 앞을 바라보고 상체는 곧게 편다.

2단계

보드가 풍상 쪽으로 회전하기 시작하면 세일을 당긴 상태로 유지하면서 기다린다. 앞 손은 마스트를 잡고 앞발을 옮겨 조인트 앞쪽에 붙인다. 신체 중심을 뒷발에 둔다. 세일 손은 붐을 계속해서 잡아당긴다.

3단계

보드가 멈추면 적당한 타이밍에 지체하지 말고 앞발을 중심으로 몸을 돌린다. 이때 앞 손만으로 마스트를 잡아 놓치지 않도록 주의하면서 재빨리 뒷발을 이동시켜 조인트를 중심으로 양발을 모으고 뒷손은 마스트를 잡는다. 이때 바람을 등진 상태가 되며 보드와 세일은 바람과 평행인 상태가 된다.

4단계

양발이 같은 간격으로 조인트에 가깝게 위치시키고 바람을 등진 상태로 풍하 쪽을 바라보며 잠시 균형을 유지한다. 그리고 나서 세일의 반대편으로 이동해야 한다. 먼저 뒷발을 들어 센터라인을 교차되게 밟고 세일 손은 붐을 잡는다. 마스트 손은 마스트를 계속 잡고 있는다.

〈그림 9-2〉 마스트 잡고 태킹(초보자)

앞발을 조인트 옆 뒤쪽으로 이동시켜 나아가는 방향으로 향하게 한다. 이 자세에서 리그를 앞쪽으로 기울이면서 세일과 마스트를 당기면 보드가 나아가기 시작한다. 출발해서 속도가 약간 가속되면 붐이 수평을 유지할 때까지 마스트를 세우고 마스트를 잡은 손을 이동하여 정상적으로 세일링 자세를 취한다.

5단계

4단계 연습방법과 유사하지만 세일 손으로 붐을 잡지 않고 실행하는 방법이다. 다시 말해서 4단계에서처럼 양발을 이동시킨 후 한 손만으로 마스트를 잡고 앞쪽으로 기울이면 보드가 풍하 방향으로 회전하게 된다. 이때 세일 손으로 붐을 잡고 양팔로 리그를 당기면 앞으로 나아간다. 붐이 수평을 유지할 때까지 마스트를 세우고 마스트를 잡고 있던 손을 이동시켜 붐을 잡고 정상 세일링 자세를 유지한다.

〈그림 9-3〉 붐 잡고 태킹(숙달자)

4. 자이빙(Jibing)

태킹과 마찬가지로 방향을 전환하는 방법이지만, 자이빙(jibing)은 브로드 리치(broad reach)에서 더욱 보드를 베어시켜 바람이 불어가는 쪽으로 보드의 선수를 회전시켜 방향을 전환하는 기술이다. 자이빙은 세일 트림과 보트 트림 등의 윈드서핑 테크닉이 모두 요구되며, 기본적인 자이빙이라도 보드 위에서 균형을 유지하기 힘들기 때문에 태킹에 비해 비교적 난이도가 높은 기술에 해당한다. 자이빙은 다양한 변형이 가능하지만 오랜 시간과 강도 높은 연습을 해야만 숙달할 수 있다.

자이빙의 장점은 바람이 등 뒤에서 불어오기 때문에 회전하는 동안에도 속도가 크게 감속되지 않고 빠르게 회전시켜 방향을 전환하는 데 시간을 절약할 수 있다는 것이다. 따라서 기본 요령을 숙지하고 도전해보도록 한다.

1) 기본동작

(1) 자이빙을 하기 위해 러닝 상태로 세일링을 한다.

(2) 마스트 쪽으로 세일을 많이 기울여 보드를 반대쪽으로 회전시킨다.

(3) 한 발을 뒤로 빼고 세일을 돌릴 준비를 한다.

(4) 마스트 손으로 마스트를 받치면서 세일을 돌린다. 붐을 잡고 정상적으로 세일링을 한다.

2) 연습방법

1단계

빔 리치나 쿼터리 세일링 상태에서 리그를 보드 앞쪽으로 기울여 베어시킨 다음 세일을 열어 러닝 상태로 접어들게 한다. 러닝 상태가 되면 자이빙의 절반을 끝냈다고 볼 수 있다. 마스트 쪽으로 리그를 더 많이 기울여 보드가 회전을 계속하게 하고 이때 팔은 뻗고 세일을 기울인 반대 쪽으로 몸을 기울인다.

2단계

세일 손을 이동시켜 마스트를 잡고 리그를 돌린 다음 앞 발을 이동시켜 조인트에 가깝게 위치시킨다. 붐을 잡았던 손을 놓으면 바람을 따라 리그가 돌아간다. 보드의 앞부분이 바람이 불어오는 쪽으로 회전 한다.

〈그림 9-4〉 마스트 잡고 자이빙(초보자)

3단계

마스트를 세워 새로운 중립자세를 유지한 후 세일링 기본자세를 유지한다.

4단계

반대 방향으로도 연습한다. 사람에 따라 좌우측 중 한쪽 방향으로는 자이빙을 잘 하지만 나머지 한쪽 방향은 서툰 경우를 종종 볼 수 있다.

5단계

5단계는 자이빙 후 뉴트럴 포지션 자세를 취하지 않고 곧 바로 쿼터리로 세일링을 한 다음 자이빙을 연습하는 것이다. 기본 자이빙보다 유연하고 빠른 속도로 방향을 전환할 수 있다.

기본 세일링 자세에서 리그를 앞으로 기울여 풍하 쪽으로 보드를 회전시킨다. 풍압을 이겨낼 수 있도록 무릎을 약간 구부리고 자세를 낮게 유지하면서 리그를 많이 기울여 당기면 보드가 빠르게 회전한다. 회전하는 보드에서 발생하는 원심력과 리그의 기울임으로 발생하는 풍압 중심의 변화에 대처하기 위하여 몸을 회전하는 쪽으로 기울이며, 세일을 열면서 앞발을 뒤로 이동시켜 러닝 자세를 취한다. 보드가 회전하여 새로운 쿼터리 코스가 되면 앞발을 조인트에 가깝게 이동시킨 후 마스트 손을 이동시켜 마스트를 잡고 세일 손을 놓으면 바람의 힘으로 세일이 돌아간다. 붐을 잡고 정상적으로 세일링 자세를 취한 다음 다시 자이빙 연습을 하면 된다.

〈그림 9-5〉 붐 잡고 자이빙(숙달자)

1. 세일 트림과 보드트림에 대해 간략히 설명하시오.

2. 러핑 업과 베어링 어웨이에 대해 간략히 설명하시오.

3. 태킹의 개념과 연습 방법을 단계별로 간략히 설명하시오.

4. 자이빙의 개념과 연습 방법을 단계별로 간략히 설명하시오.

고급기술

제10장에서는 윈드서핑의 고급기술인 하니스 기술, 펌핑 기술, 쾌속 범주, 그리고 비치스타트와 워터스타트에 대해 소개하고 있다.
기본 기술이 어느 정도 숙달되면 하니스 착용, 펌핑 기술, 쾌속 범주 기술, 비치스타트와 워터스타트 기술과 같은 조금 더 고난이도 기술을 익히게 된다. 이러한 기술이 숙달되면 윈드서핑을 편안하게 즐길 수 있을 뿐만 아니라 스릴과 쾌감도 배가 될 것이다.

♣ 하니스 기술
♣ 펌핑 기술
♣ 쾌속범주
♣ 비치스타트, 워터스타트

1. 하니스(Harness) 기술

하니스는 붐에 부착한 하니스 라인(harness line)에 훅(hook: 걸쇠)을 걸어 리그를 쉽게 당길 수 있도록 고안된 세일링 부품이다. 팔의 근력과 지구력만으로 리그를 당기는 것은 누구나 한계가 있기 마련이다. 하지만 하니스를 사용하면 팔의 근력이 부족한 사람도 자신의 체중을 이용해서 세일을 당길 수 있어 장시간 세일링을 즐길 수 있다. 또한, 시중에 유통되고 있는 하니스는 거의 모두가 부력이 있어 부력체의 역할을 하기도 하며 보온은 물론 충격을 완화할 수 있는 기능성 소재로 제작되고 있기 때문에 윈드서퍼의 안전에도 어느 정도 기여한다.

하니스 기술을 익히는 것은 그다지 어렵지 않다. 그러나 반복 숙달 없이 하니스를 착용하는 것은 상해의 원인이 될 수도 있다. 기초기술을 어느 정도 습득했다면 하니스 연습을 시작한다. 하니스 기술을 어느 정도 숙달하면 세일링을 좀더 쉽게 즐길 수 있으며, 즐거움도 그 만큼 커질 것이다.

하니스의 종류는 모양이나 기능에 따라 다양하게 분류되며 크기도 남녀별로 나누어진다. 하니스는 자신의 세일링 기법이나 체형에 맞는 것을 선택하는 것이 중요하다. 또한 하니스는 구명동의 대용은 아니므로 안전을 위하여 구명동의는 따로 준비하는 게 중요하다.

〈그림 10-1〉 하니스 사용 및 착용 방법

1) 하니스의 종류

하니스의 유형 또는 종류는 매우 다양하다. 성별에 따라 크기도 다르며, 자신의 체형과 세일링 스타일 등을 고려하여 하니스를 선택해야 한다.

체스트 하니스(Chest Harness)

체스트 하니스는 가슴과 등, 허리를 넓게 감싸는 형태로 가장 오래된 유형이다. 이 하니스는 윈드서핑 초보자와 웨이브 라이더(wave rider; 파도타기)가 주로 사용한다. 이전의 하니스보다 훅의 위치가 낮아져 세일을 당기기 쉽게 되어 있으며, 뒤쪽의 서포트는 등에서 허리까지 넓게 되어 있고 우레탄이 들어 있어 부력이 좋다.

웨스트 하니스(Waist Harness)

간편하게 허리만을 감싸는 유형으로 여성 윈드서퍼에게 인기가 많다. 그러나 훅의 위치가 고정되지 않아 불안정하고 부력과 보온력이 떨어지는 단점이 있다. 그래서 최근에는 훅의 안정성을 고려하여 입체적으로 제작된 하니스가 유통되고 있어 중급자까지 폭넓게 사용되고 있다.

버킷 하니스(Bucket Harness)

버킷 하니스는 일명 팬츠 하니스라고도 하며, 허리를 완전히 감싸주기 때문에 착용감이 좋고 체중을 충분히 이용할 수 있다는 장점이 있다. 훅의 위치를 낮게 하여 선수들이 레이스용으로도 즐겨 사용한다.

힙 하니스(Hip Harness)

힙 하니스는 선수들이 레이스에서 좋은 경기력을 선보일 수 있도록 버킷 하니스를 개조하여 제작한 것이다. 이 하니스는 리그를 당기는 힘을 둔부에 집중함으로써 상반신을 자유롭게 움직일 수 있다는 장점이 있다.

〈그림 10-2〉 하니스 종류

2) 하니스 라인의 설치

하니스 라인은 장력이 강한 마일러(mylar)나 나일론 등으로 줄을 만든다. 하니스 라인의 형태는 줄의 비틀림이나 꼬임을 방지하고 직진성을 유지함으로써 훅(hook)을 걸거나 풀 때 편리하도록 바깥 면을 탄력이 적은 고무 등으로 감싼 형태를 띠고 있다.

하니스 라인을 붐에 설치할 때는 다음과 같다.

- 붐에 하니스 라인을 연결하기 전에 먼저 세일의 풍압 중심을 찾는다. 세일에 바람을 넣어 한 점으로 균형이 유지되는 이 지점이 풍압 중심이다. 이것을 중심으로 좌우 동일 거리에 어깨 폭 너비로 라인을 걸고 세일링 시에 쉽게 움직이지 않도록 잘 고정시킨다.
- 일반적으로 하니스의 훅을 걸고 붐을 양손으로 잡았을 때 양쪽 팔꿈치가 약간 굽어지는 상태가 되도록 조절한다. 하지만 처음 연습할 때에는 하니스 라인의 길이를 다소 길게 하고 익숙해지면 짧게 조정해서 연습한다.
- 세일링을 해보고 세일 핸드에 저항이 많이 걸리면 라인의 위치를 붐 앤드 쪽으로 이동한다. 반대로 마스트 핸드에 저항이 많이 걸리면 라인을 붐 조우 쪽으로 이동한다.

3) 연습방법

육상에서의 연습

하니스 라인에 훅을 걸고 푸는 연습은 반드시 육상에서 미리 연습을 해보아야 한다. 해상에서 곧바로 사용하려면 여러 번 물에 빠지거나 세일과 함께 넘어질 수 있으므로 상해의 원인이 되거나 장비가 파손될 수 있다.

하니스를 걸고 풀 때는 몸을 붐 쪽으로 향하지 않고 붐을 몸 가까이 당겨서 실시한다.

- 하니스를 걸 때는 붐을 당기고 뒤꿈치를 가볍게 들어 라인을 건다. 라인이 걸렸으면 몸을 빨리 원래 상태로 가져간다.
- 하니스를 풀 때도 붐을 당기고 허리를 내밀 듯이 해서 라인을 늦추면 자연히 풀어진다. 걸기와 풀기의 동작은 라인을 보지 않고 할 수 있을 때까지 연습해야 한다.
- 몸이 붐 쪽을 향하면 바람의 힘으로 앞으로 넘어지게 되므로 반드시 붐을

몸 쪽으로 끌어 당겨야 한다.

해상에서의 연습

하니스는 거의 모든 세일링 중에 사용하지만 러닝의 경우와 태킹 및 자이빙을 할 때에는 하니스를 걸지 않는다. 해상에서 연습하려면 3~5m/s 정도의 가벼운 바람이 불 때 클로즈 홀드나 빔 리치 코스에서 연습하는 것이 바람직하다. 쿼터리 코스와 같은 풍하 쪽으로 세일링 할 때는 균형을 유지하기 어렵기 때문에 하니스를 사용하기가 힘들어진다.

먼저 세일링을 하면서 자세를 낮추고 리그를 당긴 다음 균형을 유지하면서 자세를 높게 하고 훅을 앞 쪽으로 내밀어 하니스 라인에 건다. 처음부터 리그를 당기지 말고 먼저 밸런스를 유지하는 데 집중한다. 처음에는 손과 하니스의 체중 비율이 7:3정도가 알맞다. 손은 붐의 균형을 잡아 세일 트림을 하는데 전념한다. 점점 숙달이 되면 손과 하니스의 체중비율은 3:7, 2:8, 1:9의 비율로 전환한다. 이와 같이 밸런스가 유지되면 자세를 낮추면서 몸을 뒤로 미는 기분으로 서서히 리그를 잡아당긴다. 이 때 보드의 속도가 빨라지게 되는데 자세를 낮고 안정감 있게 유지하면서 세일링을 계속하면 된다.

■ 요점 ■

※ 세일링 중의 하니스 조작

- 세일링을 하면서 하니스 라인이 붐의 적당한 위치와 길이로 연결되어 있는가를 확인한 후 사태가 적절하지 않으면 어느 한쪽 손으로 빨리 수정한다.
- 붐을 당기고 뒤꿈치를 가볍게 들어 라인을 훅에 건다. 이때 너무 힘을 주면 보드가 러프해 버리거나 균형을 잃게 되므로 주의해야 한다.
- 라인이 훅에 걸려 있다고 해서 체중을 갑자기 실어서는 안 된다. 조금씩 하니스로 세일을 당긴다.
- 하니스를 풀 때는 붐을 당기고 순간적으로 허리의 반동을 이용하여 라인을 훅으로부터 벗긴다.

강풍 시 연습방법

하니스를 사용하는 주된 이유는 세일에 바람을 많이 받고 스피드를 증가시켜 장시간 세일링을 하는 능력을 얻고자 함이다. 훅을 걸거나 푸는 연습을 어느 정도 연습했다면 이제 세일에 바람을 최대한 많이 받고 체중으로 버티는 연습을 한다. 이 연습은 하니스를 사용하여 리그를 최대한으로 당기는 연습이다. 어느 정도 숙달되면 강한 바람일 때 연습해본다. 산들바람 이상의 바람이 불 때는 가끔 강한 바람이 불기도 한다.

윈드서퍼들이 흔히 돌풍(gust) 또는 뭉친 바람(blow)이라고 표현하는 바람은 평소보다 바람의 힘이 강하기 때문에 이에 적절히 대처하지 못하면 균형을 유지할 수 없게 된다. 그래서 돌풍이 불 때 적절한 대처 요령도 알아두어야 한다. 훅이 걸려 있지 않은 상황이라면 대처하는 것은 간단하다. 돌풍이 불 때를 대비하여 자세를 낮추고 세일 손을 놓으면서 바람을 흘려보낸 다음 다시 붐을 잡으면 된다. 그러나 훅이 걸려 있는 상황이라면 대처 방법을 달리 해야 한다.

첫 번째 대처 요령은 돌풍이 불어오는 타이밍을 포착하여 자세를 낮추고 리그를 뒤로 당기면서 버티어 보는 것이다. 이 때 새 총에서 탄이 발사되는 것처럼 리그와 함께 바람에 날려갈 것을 각오해야 한다. 다만 실제로 물에 빠졌을 때는 당황하지 말고 침착하게 훅을 풀고 세일을 한 방향으로 밀어내면서 반대 방향으로 빠져나오는 요령을 습득해야 한다. 그러나 이러한 악 조건에서 연습을 하게 된다면 자신감이 생겨 하니스의 사용과 세일링 테크닉이 일취월장할 수 있을 것이다.

두 번째 대처요령은 돌풍이 불기 전에 재빠르게 걸쇠를 풀고 세일 손을 놓으면서 대처하는 것이다. 하지만 이 때 불어오는 돌풍을 사전에 인지하는 능력이 무엇보다 중요하다.

■ 요점 ■

※ 하니스를 걸고 세일링 중 돌풍이 불 경우

하니스 라인이 훅에 걸린 채 돌풍에 의해 앞으로 넘어지는 일이 자주 있다. 이것을 방지하려면 먼저 돌풍을 잘 관찰해야 한다. 돌풍이 가까이 다가오면 몸을 일으켜 세일을 재빨리 열어준다. 동시에 라인을 훅에서 풀고 곧바로 허리를 낮춰 보통의 세일링으로 되돌아간다. 갑작스런 돌풍에 견딜 수 없을 때는 세일 손의 힘을 빼서 바람을 지나가게 한다. 하니스 라인이 훅에 걸린 상태로 넘어지게 되면 당황해 하지 말고 침착하게 손으로 훅을 잡아 하니스 라인을 벗겨 탈출한다.

---

2. 펌핑 기술(Pumping Techniques)

1) 펌핑 기술

바다에서의 상황은 예측할 수 없을 정도로 시시때때로 변화한다. 모처럼 세일링을 하기에 좋은 바람이어서 바다 한 가운데로 나갔는데 도중에 무풍을 만나게 되는 경우가 종종 발생한다. 물론 세일링 자세를 유지해서 약간의 바람을 잡으면 조금씩 보드가 움직이긴 하지만 속도가 빠른 조류가 있는 곳에서는 그 조류에 밀려 흘러갈 수도 있다.

이처럼 바람이 불지 않거나 아주 약한 바람일 때 리그를 조작하여 세일에 풍압을 일으켜 추진력을 얻는 기술을 펌핑(pumping)이라고 한다. 즉, 세일을 노처럼 저어 스스로 바람을 만들어 가속시키는 것이다. 이 펌핑 기술은 갑자기 바람이 사라지는 무풍상태(lull)이거나 파도가 높고 조류는 강한데 바람이 약한 경우라면 펌핑은 절대적인 효력을 갖는다.

한때 윈드서핑 경기에서는 펌핑 기술을 금지한 적도 있었지만 지금은 가속 기술의 불가결한 요소로 인정받아 얼마나 효율성 있게 장시간 펌핑할 수 있는지의 여부가 경기 성적을 좌우하기도 한다. 특히, 바람이 약할 때, 경기 출발 시, 마크 회항 전, 보드를 가속시켜 플레이닝(planing)을 걸거나 가속시킬 때, 피니시 라인에 들어올 때 와 같은 경우에는 펌핑 기술이 매우 중요하다.

2) 펌핑기술의 유형과 적용

펌핑 기술을 단순할 것 같지만 다양하다. 일반적으로 펌핑은 더울 때 사용하는 부채질과 유사하다고 볼 수 있다. 그러나 부채는 너무 가벼워 움직이기 쉬운 반면에 세일이 포함된 리그는 부채보다 훨씬 무겁고 크기 때문에 사용 방법이 다를 수밖에 없다.

기본 펌핑

가장 기본적인 펌핑 요령은 리그 전체를 천천히 밀었다 세일이 바람을 일으키도록 단번에 당겨주는 것이다. 이 때 마스트의 위치가 중요한데 보드의 앞쪽에서만 밀었다 당기면 풍하 쪽으로 보드가 돌고 뒤쪽에서만 펌핑하면 풍상 쪽으로 보드가 돌게 된다. 마스트가 곧게 선 상태에서 펌핑한다면 직진할 가능성이 있지만 좁은 보드 위에서 실행하기가 곤란하다. 따라서 리그 전체를 서서히 앞쪽으로 밀면서 세일을 약간 열어 준 다음 뒤쪽으로 양팔을 동시에 강하게 당겨 세일이 바람을 일으키게 한다.

① 빔 리치 또는 클로즈 리치에서의 세일링 자세에서 펌핑에 들어가려면 먼저 마스트를 앞으로 민다. 이때 가능한 한 세일 손을 당겨 세일 전체의 저항을 적게 한다.

② 양손이 완전히 뻗어질 정도로 마스트를 밀었으면 세일을 약간 풍상 쪽으로 기울이고 천천히 세일을 열어준다.

③ 열린 세일을 한 번에 당긴다. 세일의 아랫면(풋)이 발에 닿을 정도로 몸을 비스듬히 뒤쪽으로 기울인다. 이 때 세일을 천천히 당기면 소용이 없고 가능한 강한 힘으로 신속하게 당기는 게 중요하다.

러닝 펌핑

러닝 펌핑은 러닝시에 8자형으로 리그를 조작하면서 사용된다. 먼저 리그 전체를 좌우 한 방향으로 기울게 한 다음 리그를 힘차게 당긴다. 다시 전과 반대 방향으로 리그를 기울인 다음 양팔로 힘차게 당겨 세일이 바람을 일으키는 방법이다.

① 보드와 세일이 정확히 수직인 러닝 자세에서 펌핑은 먼저 마스트를 비스듬히 앞쪽으로 기울인다.

② 세일을 열고 마스트를 더욱 기울여 몸 앞쪽으로 당긴다.

③ 크루를 보드 앞쪽으로 밀면서 기울어져 있던 마스트를 일으킨다. 이때 붐을 잡은 손은 마스트 옆으로 옮긴다.

④ 열린 크루를 한 번에 뒤쪽으로 당기고, 전체를 유연하게 좌우로 8자를 그리듯이 세일을 당긴다.

①에서 ②로 동작을 바꿀 때 보드가 흔들려서 균형을 유지하기가 힘들기 때문에 허리를 낮추고 양발로 균형을 잘 맞추어야 한다. 세일을 당기는 동작이 작으면 펌핑의 효과를 기대할 수 없기 때문에 양발로 정확하게 균형을 유지하면서 큰 동작으로 펌핑하는 것이 효과적이다.

가속 펌핑

가속시키는 펌핑 기술은 경기 출발 시, 피니시 라인 접근 시, 방향 전환 후 가속 시, 플레이닝을 걸 때 사용한다. 어느 정도 바람이 불고 있는 상태에서 가속시키는 펌핑 기술은 미풍 때의 펌핑과는 달라서 세일을 크게 열어주는 동작은 하지 않는다.

요령은 마스트를 세운 상태에서 리그 전체를 가슴 쪽으로 빠르게 밀고 당기는 펌핑기술이다. 보드가 빠른 속도로 달리고 있을 때는 펌핑을 하지 않는게 바람직하다. 펌핑으로 인해 보드가 흔들리면 오히려 속도가 줄어드는 역효과가 나기 때문에 속도가 붙었다면 가능한 부동의 세일링 자세를 유지해야 한다.

펌핑의 세일 트림이나 횟수, 크기 등은 세일러의 체형이나 체력 등 여러 가지 요소에 의해서 달라지기 때문에 자기 나름대로의 효과적인 펌핑기술을 익혀야 한다.

짧은 거리 펌핑

짧은 거리 펌핑은 팔을 굽히지 않고 상체(등 근육)를 주로 사용하여 실행하는 것으로 클로즈 홀드로 세일링하거나 장시간 펌핑 또는 지친 경우에 주로 사용한다.

요령은 양팔을 앞으로 밀어 편 상태로 가볍게 붐을 잡고 발은 보드를 밀면서 등과 어깨 및 팔로 리그를 약간 밀면서 당기기를 절도 있게 짧게 끊어서 하는 동작을 반복하면 된다.

3. 쾌속 범주(Planing Techniques)

1) 플레이닝(Planing, 활주)

플레이닝의 사전적 의미는 배의 무게에 비해 스피드가 어느 정도 빨라지면 배는 수면에서 약간 떠올라 활주하는 것을 말한다. 윈드서핑에서는 보드가 수면에 떠 미끄러지듯 쾌속으로 질주하는 스피디한 세일링 상태를 말한다. 보드의 길이가 3m 미만인 숏 보드뿐만 아니라 롱 보드의 경우도 플레이닝 상태에 들게 할 수 있어 윈드서핑의 참맛을 느낄 수 있다.

플레이닝 상태에 들게 하려면('플레이닝을 건다'고 함) 보드의 무게 및 부력, 세일의 크기, 윈드서퍼의 체중 등에 따라 다르지만 일반적으로 풍속이 초속 5 ~7m 이상이어야 가능하다. 이보다 바람이 강할수록 플레이닝은 더욱 잘 걸린다. 바람이 약할 때는 플레이닝이 걸리지 않는다. 세일링 상태는 쿼터 리나 빔 리치 상태에서 잘 걸리며 바람이 강하다면 클로즈 홀드 세일링 상태에서도 플레이닝이 걸린다.

2) 기본자세와 연습방법

플레이닝은 보드의 앞부분(bow)이 수면 위로 떠오르고 핀(fin)이 박혀있는 뒤쪽(stern)만 물에 약간 잠긴 채로 물을 미끄러지듯 빠르게 질주하는 상태에 이르게 해야 한다.

우선 조인트를 가급적 보드 뒤쪽에 위치시키고 보드의 앞부분이 수면 위로 떠오르게 하여 물의 저항을 덜 받게 한다. 대거보드도 3/4 이상 올려 마찰 저항을 줄인다. 양발의 위치도 뒤쪽으로 옮겨 보드의 무게 중심이 뒤쪽에 오게 한다. 펌핑 기술을 사용하여 보드를 가속시키며 하니스 기술을 이용하여 리그를 강하게 당겨 준다.

1단계 연습

쿼터리 세일링 시에 플레이닝이 가장 잘 걸리며, 빔 리치에서 리그를 보드의 앞쪽으로 밀어서 보드를 베어링 어웨이 한다. 펌핑 기술을 사용하여 보드를 가속시키면 플레이닝 상태에 들어간다. 하니스를 사용하여 리그를 당기고 세일링을 계속한다. 발로 보드를 조작하여 베어링 어웨이 또는 러핑 업을 시도해 본다.

2단계 연습

플레이닝 상태의 쿼터 리 세일링을 하다가 자이빙을 시도하여 방향을 전환한 다음 다시 펌핑으로 가속시킨다. 플레이닝 상태에 들면 하니스 기술을 사용하여 세일링을 계속한다.

3단계 연습

바람이 강한 날을 택하여 클로즈 홀드 세일링을 시도한다. 클로즈 홀드 세일링은 대거보드를 내리고 조인트의 위치를 마스트 트랙 맨 앞에 두고 실행하는 것이 일반적이다. 그러나 바람이 강할 때는 대거보드를 약간만 올려도 보드의 속도가 증가하면서 플레이닝 상태에 들어가게 된다. 이 때 바람을 거슬러 올라가는 각도는 다소 줄어들 수도 있다. 그러나 보드의 속도가 아주 빠르기 때문에 감소된 각도로 인해 발생되는 목표 지점 도달시간의 지연문제는 해소된다. 뿐만 아니라 대거보드를 완전히 올리고 클로즈 홀드 세일링에 도전해본다. 또한 조인트의 위치를 마스트 트랙 맨 앞쪽에서 한 칸 정도 뒤로 한 다음 세일링을 해본다. 바람이 강하면 파도가 심하게 되는데 이런 상황에서 시도해본다.

4. 비치 스타트(Beach Start Techniques)

비치 스타트(beach start)란 해변에서 해상으로 나아갈 때 스케그(skeg)가 닿지 않는 무릎 정도 깊이의 물에서 세일에 바람을 받으면서 보드에 올라타서 곧바로 세일링으로 연결하는 기술을 말한다. 즉, 업 홀링(up-hauling)이나 중립 자세를 취하지 않고 바로 세일링에 들어가기까지의 연결 동작을 말한다.

〈그림 10-3〉 비치스타트

1) 기본동작

먼저 바람의 방향을 파악하고 나아갈 방향을 결정한다. 해풍(on-shore wind)인지 육풍(off-shore wind)인지, 아니면 측면풍(side-shore wind)인지를 파악한다.

흔히 낮 동안에는 해풍이 많이 불기 때문에 해풍에서의 요령에 대해 설명하겠다. 육풍이나 측면풍의 경우도 요령은 비슷하다. 다만 육풍인 경우 러닝의 상태로 출발해야 하는 경우가 생길 수도 있다.

비치 스타트를 시작할 때는 언제나 빔 리치 세일링 코스보다 약간 베어링 어웨이 시킨 쿼터 리 코스를 선택하여 보드를 출발시켜야 한다. 그렇지 않으면 보드에 발을 올려놓는 순간 보드 앞부분(bow)이 풍상 쪽으로 회전하기 때문에 세일에 바람을 받지 못하게 되고 결국 보드에 오르자마자 뒤로 떨어져 실패하게 된다. 일단 쿼터리 코스를 선택한 다음에는 양손으로 리그를 세워 바람을 받아본다.

바람이 약할 때는 리그를 많이 들어 올리고 앞쪽으로 기울이면 보드가 베어링 어웨이 된다. 이 때 재빨리 뒷발을 이동시켜 보드의 중심선을 밟으면서 보드 위로 재빨리 올라간다. 그 다음 나머지 발을 이동시켜 기본 세일링 자세를 취하면서 리그를 당겨 주면 보드가 출발하게 된다.

바람이 강할 때는 리그를 조그만 들어 올려도 세일에 바람을 많이 받게 된다. 이때는 파도도 높고 보드도 쉽게 회전하게 되므로 민첩하게 정확한 동작을 구사해야 한다.

2) 워터스타트(Water Start Techniques)

〈그림 10-4〉 워터스타트

깊은 수심에서 업 홀 라인을 이용하지 않고 바람의 힘으로 세일을 세워 출발하는 기술이 워터 스타트이다. 이는 초속 7~8m 이상의 강풍에서 유용한 기술로 비치 스타트의 응용기술이다. 워터 스타트를 익힐 때면 우선 세일과 바람 방향과의 관계를 잘 이해해야 하며 성공의 포인트는 무조건 팔을 뻗고 있어야 한다는 점이다. 팔을 굽혀 마스트를 당기면 보드가 뒤로 기울어 러프되므로 팔을 뻗어 마스트를 세워야 한다. 이 일련의 동작을 행함으로서 세일에 들어간 바람이 몸을 당겨 올려주는 것이다. 또 무리하게 발을 보드에 얹으려고 해도 보드는 러프된다. 보드의 방향을 빔 리치 방향에서 약간 풍하방향으로 이동시키기 위해 마스트를 앞으로 밀어 주면 보드의 스턴 쪽이 자신의 몸에 가까워 온다. 풍하로 흐르면 마스트 핸드를 밀어 세일에 바람을 넣고 양팔을 최대한 위로 뻗어 주면서 발을 보드 위에 걸치고 세일 핸드를 당겨 몸을 일으켜 세운다.

레이스 보드로 워터 스타트를 연습할 경우 바람이 약하면 대거보드를 내린 채로 연습하면 보드의 리 웨이가 적어 연습하기 쉽다.

※ 워터 스타트 요령

① 물 빼기 동작으로 세일의 크루가 빠졌으면 재빨리 붐으로 옮긴다.

② 양손으로 붐을 잡았으면 마스트를 선수 쪽으로 밀어내듯이 하면서 몸을 약 간 보드의 풍상 쪽으로 이동한다. 몸을 옆으로 이동하기까지는 몸이 물속에 잠겨 있다.

③ 보드에 몸이 가까워졌으면 발을 보드에 얹는다. 얹은 발목을 굽히고 보드를 몸 쪽으로 당긴다. 이때도 뻗은 양손으로 마스트를 선수 쪽으로 밀어내듯이 세워가는 것을 잊지 말아야 한다.

④ 세일이 정지하게 되면 바람의 양이 증가하여 몸도 자연히 따라 올라간다. 이때 바람의 힘이 너무 강하면 세일 핸드를 느슨하게 해서 바람을 뺀다. 바 람양의 조절은 세일 핸드로 하고 마스트 핸드는 뻗은 채 그대로 둔다.

⑤ 먼저 얹은 발을 단단히 붙여 세일 핸드를 당겨 바람의 힘으로 상체가 올라 가도록 한다. 올라가려고 무리하게 붐을 잡아당기면 보드가 러프해 버린다. 몸이 올라가기 시작했으면 재빨리 양발 모두 보드에 싣는다.

⑥ 보드에 몸이 올라갔다고 해서 곧 세일을 당기면 보드가 러프해 버린다. 먼 저 기본자세를 취하고 보드를 평평하게 유지하면서 다시 세일에 바람을 넣 어 달린다.

⊠ 연 습 문 제 ⊠

1. 하니스 종류에 대해 간략히 설명하시오.

2. 하니스를 걸고 돌풍이 불 때 대처요령에 대해 간략히 설명하시오.

3. 플레이닝(쾌속범주)의 기본자세에 대해 설명하고 연습방법을 단계별로 설명하시오.

4. 비치스타트 요령에 대해 간략히 설명하시오.

5. 워터스타트 요령에 대해 설명하시오.

제11장

경기규칙

제11장에서는 윈드서핑의 경기규칙에 대해서 소개하고 있다.
윈드서핑은 요트경기에 속한 한 클래스로 코스 레이스가 대표적인 경기이며, 경기규칙은 국제 세일링규칙에 준하여 시행된다. 이 장에서는 윈드서핑의 경기종류 및 코스, 출발방식, 규칙 등에 대해서 알아볼 것이다.

♣ 경기규칙
♣ 경기종류
♣ 경기코스
♣ 출발방식 및 신호기
♣ 해로규칙

1. 경기 규칙

윈드서핑은 요트 경기에 속한 한 클래스로 코스 레이스가 대표적인 경기이며, 경기규칙은 국제 세일링규칙에 준하여 시행된다. 윈드서핑을 포함한 세일링 경기는 국제세일링연맹에서 매 4년마다 발표되는 '국제세일링경기규칙(The Racing Rules of Sailing: International Sailing Federation, ISAF)'에 따라 개최된다. 따라서 본 장에서 미흡한 부분이나 보다 자세한 내용은 '국제세일링경기규칙집'을 참고하기 바란다.

올림픽이나 아시안게임뿐만 아니라 전국체전 및 각종 지방대회 등이 이 규칙을 적용받으며, 때로는 윈드서핑 단독 클래스로 시행되는 경기도 많이 개최되고 있다. 대표적인 경기가 월드컵대회로 세계의 톱 세일러들이 기량을 펼치는 월드컵은 프로 경주의 최고봉으로 불리고 있다.

2. 경기 종류

1) 올림픽 클래스(Olympic Class)

1984년(남성)과 1992년(여성)올림픽 윈드서핑 경기에서는 '원 디자인' 보드가 사용되었다. 모든 선수들은 동일한 보드, 세일, 대거보드 및 핀을 사용하여야 했다. 원디자인 보드는 다양한 세일링 조건아래서 시합할 수 있도록 하기 위하여 선정되었다. 활주(planing)할 수 있을 만큼 바람이 충분한지 여부에 상관없이 반드시 경기가 이루어져야만 하는 올림픽 경기에서는 장비가 매우 중요하다. 닐 프라이드 RS : X는 2008년과 2012년 하계올림픽에서 처음으로 사용된 현재의 올림픽 클래스이다. 그러나 2012년 5월 국제요트협회는 2016년 올림픽 게임에서는 공식요트 종목 리스트에서 제외시키고, 카이트서핑(kitesurfing)으로 교체하기로 의결하였다. 윈드서핑을 카이트서핑으로 교체하기로 한 결정은 2012년 국제요트협회 정기총회에서 번복되었다.

2) 포뮬러 클래스(Formular Class)

포뮬러 윈드서핑은 경미하고 중간정도의 바람에서 시합의 퍼포먼스를 높이기 위하여 지난 15년 동안 발전해오고 있다. 포뮬러는 이제 국제요트협회에서 관장하는 윈드서핑보드 클래스 중의 하나이며, 주된 특징은 보드 폭의 최대 1미터이다. 이 보드들은 단일 핀과 최대 길이 70센티 그리고 12.5제곱미터까지 세일을 높일 수 있는 특징을 갖고 있다. 클래스 룰은 포뮬러 보드로 공인을 받고 국제요트협회에 등록한 선수들에게는 어떠한 회사에서 제작된 보드든지 자유롭게 선택할 수 있으며, 상이한 크기의 핀과 세일 크기를 선택할 수 있도록 허락한다.

'넓은 스타일' 디자인과 협력한 큰 세일들이 바람이 거의 없는 조건에서도 활주할 수 있도록 만들어 준다. 그러나 비-활주 세일링은 이 보드로는 매우 어렵기 때문에 이러한 요구들이 충족되지 않으면, 보드들은 사용할 수 없고, 경기가 이루어지지 않는다. 포뮬러 보드는 해안의 파도와는 반대로 "평평한 수면"에서 사용된다. 그러나 시합은 파도와 거친 물결을 포함한 바람조건에서도 개최되고 있다.

표뮬러 보드들은 탁월한 풍상, 풍하능력을 갖고 있지만, 세일과 핀 사이즈를 줄이지 않으면 빔리치 상황에서 매우 불편하다. 이것은 코스가 왜 긴 풍상과 풍하구간들을 주행하는지 또는 단순한 풍상-풍하 루프만으로 이루어진 코스를 주행하도록 하는지를 설명해준다.

3) 레이스보드 클래스(Raceboard Class)

레이스보드 클래스는 선수들이 모든 세일링 포인트에서 효율적으로 세일링할 수 있도록 해주는 이동식 마스트 레일과 대거보드를 갖고 있는 롱보드를 사용한다. 올림픽 트라이앵글코스에서 탁월한 풍상능력을 보여주려면 좋은 리칭실력을 겸비하여야 하고, 고른 풍하능력으로 세일링 할 수 있어야 한다. 숏보드 코스레이싱이 나타나면서 제작이 감소되고는 있지만, 몇몇 모델들은 아직도 생산 중에 있으며, 미스트랄 원 디자인은 아직도 많은 아마츄어 레이싱 클럽에서 인기를 끌고 있다.

4) 슬라롬(Slalom)

슬라롬은 8자 모양의 코스를 고속으로 통과하는 시합이다. 코스의 대부분은 빔 리치로 진행되지만, 부유마크를 자이브하여 돌아야 한다. 슬라롬 보드는 작고 좁으며, 센바람을 필요로 한다. 펀 보드 클래스 레이싱 룰에 보면, 슬라롬 경기가 이루어지기 위해서는 9~35노트의 바람이 필요하다고 명시되어 있다.

5) 슈퍼 엑스(Super X)

이것은 새로운 윈드서핑 시합분야인데, 프리스타일과 슬라롬의 혼합이다. 경쟁하는 선수들은 짧은 풍하 슬라롬 코스에서 경기를 하고 모든 회전은 덕 사이브(duck jibe)로 이루어져야만 하고, 진행도중 여러 가지 묘기를 선보여야 하는데, 장애물 넘기, 스팍(spock) 또는 전방루프까지 수행하여야 한다. 선수들은 반드시 보호 장비를 착용하여야 한다. 슈퍼 X분야는 2000년 초에 전성기를 누렸고, 2006년 말에 사라졌다.

6) 스피드 세일링(Speed Sailing)

스피드 세일링은 여러 형태가 있다. ISWC(국제스피드윈드서핑클래스)는 좋은 속도를 낼 수 있다고 알려진 세계 각처의 여러 장소에서 시합이 이루어진다. 시합은 500미터 코스를 여러 회 세일링을 하는 것으로 구성된다. 대개 1회 게임을 2시간동안 벌이는데, 500m 코스에서 얻은 최고 점수 2개를 가지고 각 선수의 평균속도가 만들어진다. 그렇기 때문에 가장 빠른 시간을 가진 선수가 2번째 최고시간이 낮아서 평균이 떨어지면 승자가 될 수 없는 경우가 발생한다. 점수는 라운드에서의 등위로서 주어지고, 전체 경기승자는 가장 높은 점수를 가진 선수가 된다(가장 빠른 선수가 아님을 명심하여야 한다). 마찬가지로 경기들과 마지막 경기의 등위에 대해서 점수들이 주어지면 세계스피드서핑챔피언의 왕관을 쓰게 된다.

국제속도세일링기록협의회(WSSRC)가 관장하는 기록시도에서는 선수들이 500m 또는 해상 1마일코스(1,852m)를 주파한 시간으로 결정된다. 시합 그 자체로서가 아니라 시간과의 경기이다. 500미터 코스의 현재 세일링 기록은 피니안 메이나드가 세운 48.7노트이다. 피니안 메이나드(Finian Maynard)는 해상 1마일 기록도 보유하고 있는데, 2005년 10월 나미비아에 있는 왈비스 만에서 열린 시합에서 비욘 던커벡(Bjorn Dunkerbeck)의 기록을 이었다. 이 서사시적 시합에는 비욘 던커벡(Bjorn Dunkerbeck)과 다분야 국제윈드서핑챔피언을 한 안톤 알뷰(Antoine Albeau)가 참가하였다. 2006년 10월에 비욘 던커벡은 피니안 메이나드의 전년도 기록을 1노트 줄였다. 현재 그의 최고 1마일기록은 41.14노트이다. 새 기록은 경기 입회인인 WSSRC(World Sailing Speed Record Council, 세계 항해 속도 기록위원회)가 공인할 때까지는 공식적으로 주장할 수 없다.

소형의 저렴한 GPS시대가 도래하면서 선수들은 호주에서 열리는 유럽속도대회 및 스피드 위크/투나잇과 같은 공식적인 시합뿐만 아니라 그들 스스로 즉석 시합을 조직할 수 있게 되었다. www.gps-speedsurfing.com에서 자세한 정보를 얻을 수 있다. 1200명 이상의 세일러들이 그곳에 등록이 되어 있으며, 세계 도처의 선수들이 속도를 비교할 수 있게 되었다. 2006년 10월말/11월초가 빠른 속도를 낼 수 있는 최적의 시간이다. 나미비아에서 헤닝 브레든캠프(Hennie Bredenkamp)는 2006년 10월 31일 해상 1마일에서 40노트이상을 기록한 최초의 선수이다. 폴란드에서 다음 날 마틴 반 메루스(Martin van Meurs)가 49.6노트의 GPS 최고기록을 세웠다. 11월 11일에는 밥 커닝햄(Bob Cunningham)이 영국에 있는 웨스트 커비에서 45.2노트를 기록하였다. 남반구에서 크리스 토클러(Chris Torkler)가 뉴질랜드 오클랜드에서 44.6노트를 기록하였고, 크리스 록우드(Chris Lockwood)는 2006년 11월 13일 호주 샌디포인트에서 두 번째로 최고속도인 48.9노트를 갱신하였다. 그의 500m 평균기록은 46.1노트였다. 2007년 1월 18일 독일의 세일러인 마틴 반 메루스(Martin van Meurs)는 영국 웨스트 커비에서 자신의 기록을 2초 단축한 49.4노트라는 믿을 수 없는 기록을 세웠다.

7) 프리스타일(Freestyle)

프리스타일은 심판관들이 점수를 매기는 정해진 시간에 이루어지는 경기이다. 가장 탁월한 레퍼토리와 최고의 묘기를 완성한 선수가 승자가 된다. 프리스타일은 쇼와 같으며, 선수들은 자신들의 창조성을 심판받는다. 난이도와 묘기의 수가 모두 최종점수에 반영된다. 양 택(포트택, 스타보드택)에서 묘기를 다 부리는 선수가 높은 점수를 얻는다. 높은 점수를 얻는 동작은 다음과 같다. 이중 전방 루프, Funnell(앤디 퍼낼을 기념하기 위한 대회에서 웨이브 챔피언 리카르도 캠펠로가 만든 묘기), Chachoo와 Clew First Puneta(스탠스전환 스팍)등이다. 초보 윈드서퍼들은 낮은 바람의 프리스타일 묘기들을 가지고 시작한다. 예를 들면 물 밖으로 스케그를 내고 뒤로 세일링 하기, 계속 세일링 하면서 세일링 스탠스에서 앉는 자세로 전환하기와 같은 것들이다.

8) 웨이브(Wave)

마우이 북해안 후키파(hookipa) 해변공원에서 이루어지는 웨이브 세일링은 많은 세계적인 웨이브 선수들을 위한 유명 장소이다. 비록 웨이브 세일링이 프리스타일보다 먼저 전해졌지만 프리스타일과 유사하다. 다른 점은 묘기들이 주로 파도위에서 이루어지고 점수가 파도를 얼마나 잘 탔느냐에 대해서 주어진다는 점이다. 전형적인 웨이브 콘테스트는 나갈 때 두 번의 점프와 들어올 때 두 번의 파도타기가 점수로 책정된다. 좋은 동작은 깨끗한 포워드회전 점프, 백워드 회전점프, 긴 슬레쉬 파도타기, 고이터, 360 파도와 같은 파도 면 위에서의 묘기로 구성된다.

3. 경기코스

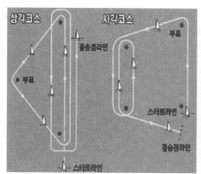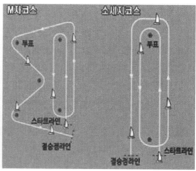

〈그림 11-1〉 윈드서핑 경기 코스

경기방식은 해상에 부표(마크)를 띄워 표시한 코스를 정해진 시간(보통 1시간 30분)안에 빨리 완주한 순서대로 등위를 정한다. 코스는 삼각코스, 사각코스, M자코스, 소시지코스 등이 있다.

4. 출발방식 및 신호기

1) 출발

출발선은 대개 수면에 2개의 부표를 띄어서 부표와 부표를 잇는 가상선으로 하며, 각 윈드서핑들은 이 가상선 안쪽의 가장 유리한 장소를 선택하여 출발하게 된다. 이러한 윈드서핑의 경기의 특성 때문에 출발선의 설정은 경기 운영에서 부딪치는 난제 중의 하나이다. 출발선은 어디에서 출발해도 큰 차이가 없도록 하기 위해서 가능한 한 바람이 불어오는 방향과 직각이 되도록 설정하는 것이 보통이다.

2) 신호기

- 예고 신호 : 출발 5분 전에 본부선의 마스트에 클래스기가 오르고 소리 신호 한번이 울린다.
- 준비 신호 : 스타트 시각 4분 전에 본부선의 마스트에 P기 또는 1, 2 경정기가 오르고 소리 신호 한번이 울린다.
- 1분전 신호 : 준비신호기(P기 등)를 내리고, 긴 소리 신호 한번이 울린다.
- 스타트 : 클래스 기가 내려지고 소리 신호 한 번이 울린다.

3) 경기기록 채점

올림픽 경기를 비롯한 국제 경기는 7번의 레이스를 시리즈로 벌이는 것을 원칙으로 한다. 채점은 7회의 레이스 중에서 가장 좋은 성적을 낸 6회의 점수를 합산한다. 만일 6회의 레이스를 펼친 경우에는 5회의 점수를 합산하고 이러한 레이스를 최소 5회가 이루어져야 경기가 성립된다.

순위는 위의 방법에 따라 합산한 총점이 적은 순으로 1, 2, 3위로 결정되며, 만일 총점이 동일한 경우가 발생하면 1위의 수가 많은 선수를 상위로 한다. 그리고 1위의 수가 동일한 경우에는 2위의 수가 많은 선수를 상위로 한다. 이 방법에 의해서도 순위를 결정하지 못하면 동점으로 인정한다.

채점방식으로는 보너스점수 채점방식과 낮은 점수 채점방식이 있다. 보너스 점수 채점방식은 1위-0점, 2위-3점, 3위-5.7점, 4위-8점, 5위-10점, 6위-11.7

점, 7위 이하는 순위 +6점이 벌점으로 주어진다. 그리고 낮은 점수 채점방식은 1위-1점, 2위-2점, 3위-3점, 4위-4점.........이다. 최근에는 낮은 점수 방식을 많이 사용한다.

5. 해로 규칙

수상안전, 특히 충돌을 방지하기 위해서 고안된 해상법안들이 있다. 법안들 대부분은 위락적 수상보드에도 적용된다. 그 법안들을 '통행우선권 규칙 또는 해로규칙' 이라고 부른다.

1) 충돌 피하기(Avoiding Collisions)

윈드서핑 중에는 누군가 또는 무엇인가와 충돌할 가능성을 항상 갖고 있다. 태킹이나 자이브를 하기 전에는 주변을 둘러보는 것을 잊지 말아야 한다. 자신의 세일 뒤에서 감추어질 수 있는 순풍방향의 보트나 장애물을 점검해야 한다.

충돌을 피하는 최선의 방법 중 하나는 간단하게 방향을 바꾸는 것이다. 보드를 천천히 주행하거나 멈춤으로서 충돌을 피할 수도 있다. 어떠한 방법을 사용하든지 간에 타인이 자신의 의도를 알 수 있도록 일찍이 그런 행동을 해야 한다는 점이다.

비록 내가 타고 있는 보드가 통행 우선권을 가지고 있을 지라도 기동성이 없는 대형선박보다 쉽게 방향을 전환할 수 있을 때가 많다. 비록 그것들과 충돌을 피하기 위하여 방향을 전환하는 관례적인 행동을 할 수 있지만 충분한 시간적 여유를 가지고 그러한 행동을 해야 한다. 그래야만 다른 보트들이 혼동을 하지 않게 되며 충돌을 피할 수 있는 것이다.

2) 통행 우선권(Right-of-Way)

두 대의 보드(또는 하나는 보드 또 하나는 보트)가 마주쳤을 때 한쪽은 통행 우선권을 갖고 다른 쪽은 항로에서 비켜날 것을 요구받게 될 것이다. 통행 우선권을 갖고 있는 보드는 뱃머리 방향과 속도를 유지할 권한을 갖게 되며 상대편은 방해가 되지 않은 곳에서 안전하게 항해를 하여야 한다. 그럼에도 불구하고 통행 우선권을 갖는 사람은 상대방이 항로를 벗어나지 못할 경우에 대비하여 항상 충돌을 피할 준비를 하여야 한다.

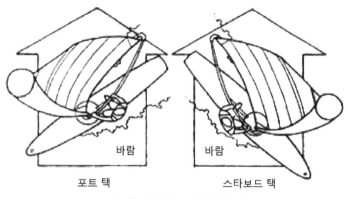

〈그림 11-2〉 통행 우선권

범주선 거리에 마주쳤을 때 통행 우선권은 종종 어떠한 택(포트 택, 스타보드 택)에서 주행하고 있는지에 따라서 결정된다. 포트 택(배의 좌측, 좌현)에서 범주중일 때는 바람은 종종 보드의 좌측에서 불며, 스타보드 택(배의 오른쪽, 우현)에서는 바람이 오른쪽에서 분다. 이것을 결정하는 손쉬운 방법이 있다. 당신이 스타보드 택에서 범주하고 있다면, 자신의 오른손이 마스트 가까이 있게 되고, 포트 택에서 주행하고 있다면 왼손이 마스트 가까이 있게 된다.

기본규칙 1

하나는 보드이고 다른 하나는 세일보트인 두 배가 서로 다른 택에서 마주쳤을 때는 스타보드 택에서 주행 중인 보드가 포트 택에서 주행 중인 보드보다 통행 우선권을 갖는다. 내가 스타보드 택에서 주행하고 있다면 포트 택에서 주행하고 있는 사람에게 "스타보드, 또는 내가 권리정이다"라고 소리를 치는 것이 좋다. 이것은 나의 배가 통행 우선권을 갖고 있고 상대방은 길을 비켜주어야 한다는 것을 상대방에게 일깨워 주는 것이다.

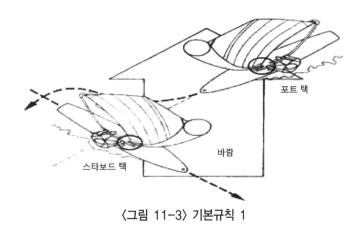

〈그림 11-3〉 기본규칙 1

기본규칙 2

두 보드가 동일 택에서 만났을 때 순풍 쪽(바람 불어가는 쪽) 보드가 역풍 쪽 보드에 대하여 통행 우선권을 갖는다. 예를 들어, 두 보드가 모두 스타보드 택에서 범주하고 있지만 충돌코스에 있는 서로 다른 범주 포인트(즉, 클로즈 리치와 브로드 리치)로 주행하고 있을 때는 바람의 근원에 가까이 있는 보드가 피하여야 한다. 바람으로부터 멀리 있는 보드가 통행 우선권을 갖는다. 내가 바람 불어가는 쪽의 보드로 주행하고 있다면 "내가 풍하정이다 – 보드를 멈추거나 비켜주시오"라고 소리를 질러서 상대방을 상기시켜 주어야 한다.

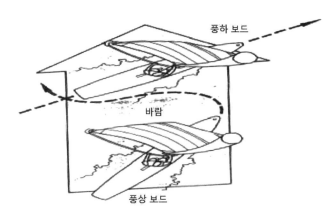

〈그림 11-4〉 기본규칙 2

기본규칙 3

포트 택 또는 스타보드 택에서 범주하고 있는 보드는 태킹이나 자이빙하고
있는 어떠한 보드보다 통행우선권을 갖는다. 만약 내가 태이크나 자이브를 하
고 있다면 내 주변 해역에 다른 보트들을 비켜나서 운동하고 있는지를 확인하
여야 한다.

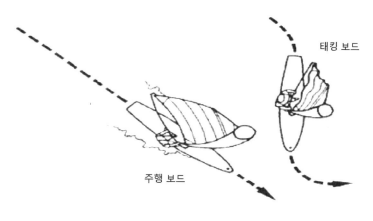

태킹 보드

주행 보드

〈그림 11-5〉 기본규칙 3

기본규칙 4

한 보드가 다른 보드를 추월할 때 서행중인 보드가 통행우선권이 있다. 서행
중인 보드는 추월 보드가 주변을 돌아서 통과할 수 있도록 진행코스를 유지하
여야 한다.

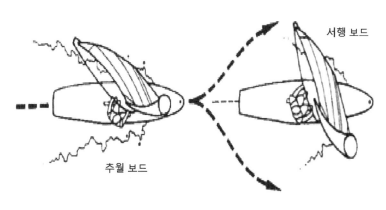

서행 보드

추월 보드

〈그림 11-6〉 기본규칙 4

기본규칙 5

일반적으로(전적으로 그런 것은 아님) 풍력선은 동력선에 대하여 통행우선권을 갖는다. 한 가지 예외는 보드 또는 세일보드가 배, 페리, 예인선, 준설기선 또는 낚시보트와 같은 상업선박과 마주쳤을 때이다. 이러한 선박들은 크기나 운행형태 때문에 기동력에 제한을 받는다. 따라서 보드들은 그것들을 피하여 정선하여야 한다. 대형 위락 동력선들은 또한 이 범주에 속하는 데 크기와 수심이 깊은 항로에서 운행할 필요성 때문에 기동력에 제한을 받기 때문이다. 또 다른 예외는 보드가 동력선을 추월할 때(과연 이것이 일어날까?) 이때는 보드가 항로를 비켜가야 한다.

보드가 반드시 충돌을 피하여 비켜가야 할 또 다른 범주의 배는 노 젓는 배, 카누 그리고 카약과 같은 손으로 동력을 얻는 배들이다.

또한 세일러 규약으로 간주해야만 하는 세일러들 간의 무언의 규칙들이 있다. 두 대의 보드가 마주쳤을 때는 경험이 많은 사람이 경험이 적은 사람을 우회하여 주행하는 것이 일반적인 관례이다.

그리고 마지막으로 "의심나면 길을 비켜주어야 한다."는 점을 명심해야 한다.

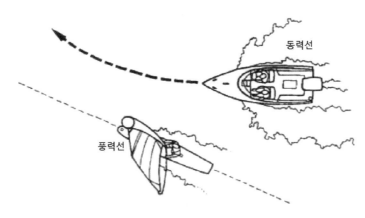

〈그림 11-7〉 기본규칙 5

1. 윈드서핑 경기의 종류에 대해 간략히 설명하시오.

2. 윈드서핑 경기기록 채점방식에 대해 간략히 설명하시오.

3. 통행우선권의 개념에 대해 간략히 설명하시오.

4. 윈드서핑 해로규칙 5가지에 대해 간략히 설명하시오.

윈드서핑의 트레이닝 방법

제12장에서는 윈드서핑에 필요한 트레이닝 방법에 대해서 소개하고 있다. 윈드서핑에 필요한 트레이닝 방법으로 전신지구력, 근력, 민첩성, 유연성 등이 있다. 이러한 트레이닝을 통해 세일링을 보다 효율적으로 수행할 수 있다.

♣ 전신지구력 훈련
♣ 근력 훈련
♣ 민첩성 훈련
♣ 유연성 훈련

1. 전신지구력 훈련

전신 지구력이란, 전신적인 운동을 얼마나 오래 지속할 수 있느냐 하는 능력으로서, 윈드서핑 선수가 갖추어야 할 가장 기본적인 체력 요소라고 할 수 있다. 전신 지구력은 심폐 지구력 또는 스태미너로 표현되기도 한다.

전신 지구력 강화를 위한 훈련 방법으로 오래달리기, 줄넘기, 수영 등을 이용할 수 있으며, 부상의 위험이 있는 운동은 가능한 피하는 것이 좋다. 여기서는 오래달리기와 줄넘기에 의한 훈련 방법을 소개한다.

1) 오래달리기

달리기 운동은 심폐 기능을 강화할 뿐만 아니라 하반신을 강화함으로써 윈드서핑 선수의 기본 체력을 갖추는 데 필수적인 운동이다. 훈련의 강도는 심박수 150~170회 정도로 하는 것이 효과적이며, 달리는 거리는 4~5km 정도가 적당하다.

처음 1km 정도는 가벼운 속도로 달리고, 중반의 2km 정도는 점점 속도를 높여 전력에 가깝게 달리며, 마지막 1~2km 정도는 중간 정도의 속도로 달리는 것이 일반적인 요령이다.

2) 줄넘기 운동

줄넘기 운동도 스태미너를 향상시키는 데에 효과적이다. 요령은 1라운드를 3분 정도로 하여 3~5 라운드 실시한다. 3분간 계속 넘기가 힘들면 2분 정도로 하여 점차 시간을 늘리는 방법을 택한다. 휴식은 30초~1분 정도로 하되, 가능하면 휴식 시간을 짧게 줄여 나가는 것이 효과적이다.

2. 근력 훈련

근력은 윈드서핑에서 세일 업과 세일의 조정 등의 세일링 기술을 효과적으로 발휘하기 위해서 중요한 체력 요소이다. 악력, 복근력, 배근력, 완근력, 각근력 등은 특히 강조되어야 할 요소이다. 근력은 저항에 대하여 최대로 발휘할 수 있는 근육의 수축력이라고 할 수 있다. 이 근력은 근력계, 장력계, 악력계 등을 이용하여 파운드나 킬로그램 단위로 측정한다.

근력은 근육의 횡단 면적에 비례하여 1㎠당 6~9kg 정도이다. 따라서 근력은 근육의 부피가 큰 사람이 강하다는 것을 알 수 있다.

근력 강화를 위한 훈련 방법으로는, 웨이트 트레이닝이 가장 일반적이라고 할 수 있으므로, 여기서는 윈드서핑 선수를 위한 웨이트 트레이닝 방법을 소개한다.

1) 중량의 선택

초심자의 경우는 최대 근력의 60~70% 정도가 적당하고, 선수의 경우는 80~100%정도가 적당하다. 최대 근력은 실제로 측정하기 어려운 경우가 많으므로, 최대 반복 횟수(RM)에 의하여 중량을 선택하는 방법이 많이 이용된다. 예를 들면, 5RM은 5회 반복하면 더 이상 반복이 불가능한 중량을 말한다. 이 방법에 의하여 중량을 선택하면, 최대 근력의 80~100%는 1~10RM의 중량이 된다.

2) 운동시간

12~15RM의 중량일 때는 1~2초에 1회, 5~10RM의 중량일 때는 2~3초에 1회의 리듬으로 반복한다.

3) 세트 수

초심자는 3~5세트가 적당하며, 운동선수는 5~7세트 하는 것이 효과적이다. 그리고 세트와 세트 사이의 휴식시간은 3~4분이 적절하다.

4) 운동 빈도

근력 강화를 목적으로 하는 웨이트 트레이닝은 주당 3회, 격일제로 하는 것이 효과적이다.

5) 중량의 증가

중량의 증가는 4주를 단위로 3~5%씩 점차적으로 늘려가야 한다. 이 때 중요한 것은, 중량을 증가시키기 전에 먼저 반복 횟수를 증가시켜야 한다는 사실이다. 예를 들면, 처음에 8RM의 중량으로 시작하였다면, 주당 1회씩 반복 횟수를 늘리도록 노력하여 12회 반복할 수 있을 때까지 동일한 중량으로 훈련을 하나가 그 후에 3~5% 징도의 중량을 늘려 8RM이 되도록 한디.

6) 웨이트 트레이닝 종목

윈드서핑 선수에게 필요한 웨이트 트레이닝 종목으로 암컬, 벤치 프레스, 발등으로 덤벨 들기, 스쿼트, 싯업, 로프 오르기 등이 필수적이다. 그러나 근력의 강화는 윈드서핑 선수에게 필요한 근육에만 국한되면 전신 근력의 불균형으로 인하여 근력강화 효과가 감소되고 상해의 위험이 높아진다. 따라서 벤치프레스나 굿모닝 엑스사이즈와 같은 종목을 첨가하여 우리 몸에서 큰 근육들은 함께 강화해야 한다.

〈그림 12-1〉 벤치 프레스

〈그림 12-2〉 암 컬

〈그림 12-3〉 업라이트 로잉

〈그림 12-4〉 굿모닝 엑스사이즈

〈그림 12-5〉 스쿼트

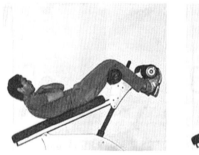

〈그림 12-6〉 싯 업

3. 민첩성 훈련

민첩성이란, 우리 몸의 일부 또는 전신을 얼마나 재빨리 움직이느냐, 또는 방향을 바꾸느냐 하는 능력을 말한다. 윈드서핑 경기에서 민첩성은 자이빙이나 기타 기술 발휘에서 중요한 역할을 한다.

특히, 자이빙 동작은 신속해야 하므로, 윈드서핑 경기에서 필요한 동작을 모방하여 지상에서 훈련하는 것이 효과적이다. 그리고 이러한 몇 가지 동작을 연결하여 서킷 트레이닝으로 편성하는 것도 바람직하다.

4. 유연성 훈련

유연성은 관절의 가동성을 의미한다. 인체에는 250여 개의 관절이 있으며, 이들 관절은 고유의 가동 범위를 가지고 있다. 그러나 일상생활에서나 스포츠 활동 중에 관절의 가동 범위까지 펴지 못하고, 어느 시점에서 길항근의 수축 작용으로 동작의 범위가 제한되는 경우가 많다.

이러한 현상은 지나친 신전으로 인한 탈골, 또는 건이나 근육의 파열 등과 같은 상해를 예방한다는 점에서 효과적이긴 하다. 그러나 동작이 여러 번 반복되는 동안 그 부위의 결체 조직이 중시되고 근육의 신전성이 감소되어, 마침내 관절의 가동 범위를 감소시키는 결과를 가져온다.

일반적으로, 결체 조직의 증식을 막고 근육의 신전성을 높임으로써 유연성을 개선하기 위한 운동으로는 스트레칭이 효과적이라고 알려져 있다.

1) 윈드서핑에 알맞은 스트레칭

세일링 하기 전 스트레칭 운동(stretching exercise)을 실시하면 건이나 근육을 충분히 펴줌으로써 근의 긴장을 완화시키고 활동범위를 확대시키며 신체감각을 증가시키는 효과가 있다. 운동 전에 스트레칭을 함으로서 상당수의 상해가 예방된다.

규칙적인 유연성 훈련은 윈드서퍼가 변화무쌍한 바람과 해상조건, 그리고 상이한 세일링 포인트에서 요구되는 넓은 범위의 신체 위치와 각도를 떠맡고 지탱할 수 있도록 하는 데 도움을 줄 것이다. 그러나 어떠한 유연성 운동이든지 간에 체온을 상승시킨 후에 실시하여야 한다. 즉, 5분 이상 유연체조, 상쾌한 워킹, 백사장 러닝 등으로 워밍업을 한 후에 실시하는 것이 좋다. 체온이 상승 하면 파트너와 짝을 지어 유연성 운동을 실시한다.

스트레칭의 각 동작은 긴장을 풀어 주고자 하는 근육부위를 신전시켜 그 신 전된 상태를 얼마동안 지속시키는 것으로서 각 동작이 어느 부위에 긴장을 풀 어주기 위한 것인지를 올바르게 이해하고 정확한 자세로 실시하는 것이 중요 하다. 처음 스트레칭을 시작할 때는 쉬운 스트레칭을 선택하여 각 동작을 약 10-30초 동안 실시하는 데 약한 자극을 느낄 때까지 편안한 상태로 스트레칭 을 한다. 쉬운 스트레칭을 한 후에 어려운 스트레칭으로 서서히 넘어가야 하며 부드러운 자극을 느낄 때까지 좀 더 부위를 신전시킨 다음 다시 자극을 약하게 하거나 약간 편한 상태를 취한다. 스트레칭 시 호흡은 서서히 리듬에 맞추어 조절해야 하며 숨 쉬는 것을 억제하여서는 안 된다. 자연스럽게 호흡하면서 스 트레칭 하도록 한다. 이러한 실시 방법에 의하여 윈드서핑에 알맞은 스트레칭 과 유연성 운동의 예를 들어보면 다음과 같다.

〈그림 12-7〉 어깨와 상지운동

선 자세에서 머리위로 팔을 올려 한쪽 팔의 팔꿈치를 다른 팔로 잡는다. 천 천히 머리 뒤로 팔꿈치를 당긴다. 교대하여 반복한다. 특히 대원근과 상완 삼 두근의 운동효과가 크다. 그러나 이 운동은 건 관절에 문제가 있는 사람은 피 하여야 한다.

〈그림 12-8〉 어깨와 상지운동

　〈그림 12-8〉과 같이 선 자세에서 팔을 어깨높이로 들고 왼손으로 오른쪽 팔 꿈치를 쥐고 가슴을 따라서 팔을 신전시킨다. 손을 교대로 바꾸어서 실시한다. 상지대 근육들이 운동효과가 크다.

〈그림 12-9〉 팔 뒤로 들기

　〈그림 12-9〉와 같이 선 자세에서 팔을 등 뒤로 하여 불쾌함이 없을 때까지 가능한 높이 거양한다. 상지대근, 천배근군 특히 동세모근, 관배근 등이 운동효과가 크다

〈그림 12-10〉 대퇴사두근 운동

〈그림 12-10〉과 같이 선 자세에서 오른손으로 오른 발목을 쥐고 엉덩이 뒤로 허벅다리를 신전시킨다. 허벅다리 앞부분이 당기는 기분이 들도록 엉덩이쪽으로 발뒤꿈치를 잡아당긴다. 발을 무릎과 엉덩이와 같은 선상에 있도록 당긴다. 이때 상체를 앞으로 굽혀서는 안 된다. 왼쪽 다리로 교체하여 반복한다. 대퇴사두근, 신근 인대의 이완에 도움을 준다.

〈그림 12-11〉 엉덩이 굴근 운동

〈그림 12-11〉과 같이 앞으로 큰 걸음 내디딘 자세에서 왼 무릎을 굽히고 오른 무릎은 곱게 펴고 오른발 뒤꿈치가 바닥에 닿도록 한다. 등을 곧게 내밀면

서 왼쪽 엉덩이 또는 허벅지의 앞부분과 종아리(비복근)를 스트레칭 한다. 발을
교대로 하여 이 동작을 반복한다.

〈그림 12-12〉 비복근 운동

〈그림 12-12〉와 같이 발을 어깨넓이로 벌리고 서서 무릎을 곧게 펴고 발끝
이 약간 안쪽을 가리키도록 한다. 엉덩이가 벽을 향하여 움직일 때 뒤꿈치를
바닥에 붙이도록 한다. 종아리 근육이 당기는 느낌을 받을 때까지 스트레칭 한
다. 비복근 내외측두, 종골건의 이완에 효과적인 운동이다.

〈그림 12-13〉 가자미근 운동

〈그림 12-13〉과 같이 발을 어깨넓이로 벌리고 서서 발끝이 약간 안쪽을 가
리키도록 한다. 오른발을 한 스텝 앞으로 뻗고 양 무릎을 굽힌다. 엉덩이가 벽
을 향하여 움직일 때 발뒤꿈치를 바닥에서 떼지 않도록 한다. 왼쪽 다리의 종

아리 아랫부분이 잡아당기는 기분이 들 때까지 스트레칭을 한다. 다리 위치를 교대하여 다른 다리를 스트레칭 한다. 가자미근, 족척근(발바닥 근육)의 신전에 도움을 주는 운동이다.

〈그림 12-14〉 둔부 - 배부하근 운동

〈그림 12-14〉와 같이 등으로 눕고 오른 무릎을 가슴까지 가져간다. 그 다음 양손으로 오른쪽 무릎을 잡고 가슴으로 당긴다. 이때 머리를 들어서는 안 되며, 반대 다리는 마룻바닥 위에 곧게 편다. 다리를 바꿔서 왼쪽 다리를 가슴으로 당기고 반대 다리는 곧게 편다. 운동을 하는 동안 등을 꼿꼿이 하는 것이 좋은 자세이다. 내외 관골근, 둔부의 근들의 스트레칭에 도움을 준다.

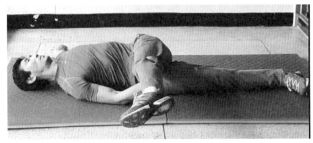

〈그림 12-15〉 몸통과 둔부 회전운동

〈그림 12-15〉와 같이 양 무릎을 곧게 펴고 등으로 누워 왼쪽 다리를 들어서 반대 몸통으로 가져간다. 오른쪽 다리는 곧게 펴고 어깨는 바닥에서 들리면 안된다. 다리를 바꾸어 반복한다.

〈그림 12-16〉 몸통과 둔부 회전운동

〈그림 12-16〉과 같이 왼쪽 다리를 쭉 펴고 앉아 오른쪽 무릎을 세운다.왼쪽 팔꿈치를 오른쪽 무릎 바깥쪽에 놓는다. 오른팔로 신체균형을 잡으면서 몸통을 천천히 오른쪽으로 회전한다. 운동 중에 등을 곧게 펴는 것이 매우 중요하다. 장내전근, 대퇴이두근, 대둔근 등의 스트레칭 효과가 있다.

〈그림 12-17〉 사타구니 - 내전근 운동

등을 곧게 펴고 앉은 자세에서 양 무릎을 옆으로 구부리고 발바닥을 마주보 게 한다. 사타구니 쪽으로 발을 잡아당긴다. 대퇴 상방 내측부의 팽대부를 형 성하는 내전근군들의 스트레칭에 효과적인 운동이다.

〈그림 12-18〉 슬와근(hamstring tendon) 운동

〈그림 12-18〉과 같이 다리를 쭉 펴고 앉은 자세에서 오른쪽 다리를 향하여 팔을 쭉 편다. 이 운동은 파트너와 함께 할 수 있는 좋은 운동이다. 이때도 운동 중에 등을 곧게 펴서 내려가는 자세를 유지하도록 한다. 이 운동은 대퇴이두근, 반건양근, 반막양근으로 구성된 슬와건의 신전에 효과적이다.

1. 윈드서핑에 요구되는 트레이닝 방법은 어떠한 것들이 있는지 열거해보시오.

2. 윈드서핑의 근력 강화에 필요한 훈련방법에 대해 간략히 설명하시오.

3. 윈드서핑의 전신지구력 강화에 필요한 훈련방법에 대해 간략히 설명하시오.

4. 윈드서핑 민첩성 강화에 필요한 훈련방법에 대해 간략히 설명해보시오.

5. 윈드서핑 유연성 강화에 필요한 훈련방법에 대해 간략히 설명해보시오.

윈드서핑 강의를 위한 학습지도안

제13장에서는 윈드서핑의 체계적인 교육을 위해 학습지도안을 작성함으로써 학습의 요건이 빠짐없이 다루어 질 수 있으며, 아울러 지도의 과정과 지도 방법이 명료해지고 지도내용과 학생들의 학습활동이 분명해진다.

♣ 1~7차시 학습지도안
♣ 일일 학습지도안(4일)

우리나라에서 윈드서핑 강의가 이루어지는 지도현장에 가보면, 체계적인 학습지도안을 작성하여 강의하는 경우가 거의 없는 실정이다. 지도자의 안목과 그 동안의 노하우만 믿고 지도자가 늘 지도하던 대로 틀에 박힌 획일적이며 기계적인 학습활동이 이루어지는 것이 일반적이다. 학습자의 자유로운 학습활동을 틀에 박은 듯 구속하고 개성의 자유로운 활동과 발달을 막을 염려가 있으며, 지도자 자신도 지도안에 구속되어 지도안에 끌려가기 쉽게 되고, 자유롭고 활발한 학습활동을 전개시킬 수 없다는 점을 들어서 학습지도안 작성이 필요 없다고 주장하는 지도자들이 있다.

그러나 학습계획 없이 임기응변식으로 수업을 진행하다 보면 체계적으로 학습재료를 완전하게 다루지 못함으로써 구멍 뚫린 불완전한 학습결과를 초래할 위험성이 있다. 또한 지도안을 작성하여 수업을 진행하지 않기 때문에 경우에 따라서는 수업의 방향을 잃어버릴 우려도 있다. 교재 연구를 전제로 하는 지도안의 작성은 무엇보다도 교사들이 자신 있게 지도할 수 있도록 해주며, 학습에 대한 사전 계획인 지도안을 작성해야만 학습의 요건을 빠짐없이 다루어 질 수 있다. 아울러 지도의 과정과 방법이 명료해지고 지도내용과 학생들의 학습활동이 분명해진다.

학습지도안 작성법에 대해서는 학자들간에 합의된 형식이 있지는 않다. 그 이유는 교과의 특성, 학습목표, 가능한 학생 조직 및 교수 조직의 융통성, 학습자료와 매체 환경, 지도자가 선호하는 독특한 수업모형 등의 차이에 따라 학습지도안은 매우 다르게 작성될 수 있기 때문이다. 학습지도안의 핵심은 지도할 내용이 학생의 학습활동으로 실현될 수 있도록 하기 위한 계획으로써 구체적인 학습 목표와 내용을 체계적으로 분석하여, 이를 학습으로 실현시킬시에 공간의 확보, 교재 및 매체 등의 학습도구 선택 그리고 구체적인 학습진행 순서를 조직하는 일이다.

학습지도안이란 교과 지도를 위하여 교사가 미리 준비하는 계획안을 가리키며, 학습전개안이라고도 한다. 종전에는 교수안·교안이라 하였다. 여기에는 일안(daily plan), 주안(weekly plan), 월안(monthly plan) 또는 전 학기를 통한 계획안(learning guidance plan)이 있다.

학습지도안은 학습내용의 성질, 교재의 종류, 학습자의 요구수준, 학습환경 등에 따른 특성을 고려하고, 필요에 따라서는 임시로 학습지도계획을 변경할 수 있도록 융통성 있게 작성하여야 한다. 일반적으로 학습지도안이 갖추어야 할 요건은 다음과 같다.

① 지도안에는 예상하였던 학습목표가 어떻게 달성되었는지 그 결과에 대한 설명이 있어야 한다.
② 이미 학습한 사항과 새로운 학습할 사항이 연결되어 있어야 한다.
③ 학습과정·교재활동이 선택되고 조직되어 있어야 한다.
④ 학습 진행의 형태에 적합한 지도기술이 제시되어야 한다.
⑤ 목표달성의 성공도에 대한 적절한 평가방법이 준비되어야 한다.
⑥ 앞으로 행해야 할 학습에 관련되도록 계획되어야 한다.

이와 같이 성격을 갖추어야 하는 지도안의 형식이 반드시 일정한 것은 아니지만, 공통적인 형식을 들어보자면 제재, 학습단원의 요지, 단원의 목표, 단원의 전개 계획 등을 기재하는 것이 바람직하다.

학습지도안은 상세안과 약안으로 구분할 수 있으며, 지도자의 경험이나 능력, 필요에 따라서 결정할 수 있다. 처음으로 지도자 생활을 하는 사람이라든가 미숙련 교사들은 세안 작성이 필요하다. 특히 이론 강의나 전체적인 오리엔테이션을 할 때는 세밀하고 모범이 되는 상세한 지도안을 작성해야 한다.

학습지도안은 필요한 내용만 알맞게 준비하는 것이 좋고, 수업에 혼란을 일으키지 않는 범위 내에서 정밀하게 작성하는 것이 좋다. 필요에 따라서는 변경할 수 있도록 융통성이 있어야 하며, 지나치게 복잡하게 하면 수업에 임하여 이를 반영시키기가 어렵고, 반면에 너무 간단하게 되면 지도안이 없는 것과 큰 차이가 없게 된다.

학습지도안 작성 요령을 보면, 교과나 교재의 성질, 구체적인 학습 환경에 맞도록 작성하여야 하며, 지도자의 창의성과 독창성을 발휘할 수 있는 여백과 아량이 있어야 한다. 학습지도 원리에 위반되는 것이 아니라면 어떠한 방법이라도 교육적인 지도 계획안으로 활용할 수 있다.

다음은 이러한 학습지도안 작성요령에 근거하여 윈드서핑 수업에서 활용할 수 있는 학습지도안을 학습주제별로 제시하고, 일일 지도계획서 범례를 제시하였다.

1. 학습지도안(1~7차시)

1) 1차시 학습지도안

교 과	윈드서핑		년 월 일	지도교사	
단 원	윈드서핑			차 시	1/7
학습주제	윈드서핑의 개요 및 세일링 포인트			교 과 서	
학습목표	1. 윈드서핑의 기원과 역사를 이해한다. 2. 국내·외 윈드서핑 보급과 발전과정을 이해한다. 3. 풍향과 풍위, 추진원리에 대해 이해한다. 4. 풍향에 따른 세일링 포인트 명칭을 알 수 있다.			수업형태	이론 수업

학습단계	교수-학습단계	시간	자료 및 유의점
도 입	●출석확인 ●수업준비 확인 ●학습목표제시 ▷윈드서핑의 기원과 역사에 대해 알아보고 국내·외 윈드서핑 보급과 발전과정을 이해한다. ▷풍향과 풍위에 대해 이해하고, 추진원리 및 풍향에 따른 세일링 포인트 명칭을 알 수 있다.	5분	· 출석확인 · 집중하기
전 개	●윈드서핑의 역사 및 국내·외 보급과 발전과정을 설명 ▷학생들이 쉽게 이해할 수 있도록 연도별로 설명한다. ▷학생들이 윈드서핑에 대해 최대한 흥미를 가질 수 있도록 시청각 자료를 활용한다. ●풍향과 풍위 설명 ▷풍상, 풍하, 스타보드, 포트 4가지 풍위 개념을 설명 할 수 있도록 한다. ●추진원리 설명 ▷양력과 항력에 대하여 설명할 수 있도록 하고 학생들이 쉽게 이해할 수 있도록 예를 들어 설명한다. ●세일링 포인트 설명 ▷세일링 각도 범위와 그 명칭에 대해서 이해 할 수 있도록 설명한다. ▷러핑업 및 베어링 어웨이에 대한 설명을 한다.	40분	· 윈드서핑 관련 시청각 자료 · 집중하기
정 리	●요점정리 ●다음차시 예고 및 과제 ▷차시예고 : 윈드서핑의 장비 명칭 및 범장·해장	5분	

2) 2차시 학습지도안

교 과	윈드서핑		년 월 일	지도교사	
단 원	윈드서핑			차 시	1/7
학습주제	윈드서핑의 장비 명칭 및 범장·해장			교 과 서	
학습목표	1. 윈드서핑의 각 부분의 기능 및 명칭을 숙지한다. 2. 윈드서핑의 범장·해장의 순서를 숙지한다.			수업형태	실습

학습단계	교수-학습단계	시간	자료 및 유의점
도 입	●출석확인 및 환자파악 ●수업준비 확인 　▷조편성 : 3인 1조 ●학습목표제시 　▷윈드서핑의 각 부분의 기능 및 명칭을 숙지한다. 　▷윈드서핑의 범장 및 해장 순서를 숙지한다.	5분	·출석확인 ·비슷한 신체조 　건인 학생으로 　조편성 ·집중하기
전 개	●윈드서핑의 명칭 설명 　▷윈드서핑 각 부분의 기능 및 사용법을 설명한다. 　▷윈드서핑의 각 부분의 명칭 　　-보드부　　　　　　-리그부 ●윈드서핑의 범장 설명 부품확인→마스트와 세일결합→마스트 베이스 결합 →마스트에 붐 결합 →붐 엔드에 세일 결합 →조인트를 이용하여 리그부와 보드부 연결 ●윈드서핑의 해장 해장은 범장의 역순으로 시행하는 것을 설명한다.	40분	·부품 결합 시 　이물질(모래) 　제거 후 결합 ·집중하기 ·행동시범 ·집중하기 ·순회지도
정 리	●요점정리 및 환자파악 ●장비정리 및 차시예고 　▷차시예고 : 윈드서핑 세일링 준비	5분	·장비 깨끗이 　세척

3) 3차시 학습지도안

교 과	윈드서핑		년 월 일	지도교사	
단 원	윈드서핑			차 시	3/7
학습주제	윈드서핑 세일링 준비			교 과 서	
학습목표	1. 세일링을 위해 갖추어야 할 복장, 안전용품에 대해서 알 수 있다. 2. 세일링 중 장비파손 시 패들링으로 출발지점까지 돌아 올수 있다. 3. 세일링 안전수칙에 대해 알고 실천할 수 있다.			수업형태	실기

학습단계	교수-학습단계	시간	자료 및 유의점
도 입	●출석확인 ●수업준비 확인 ▷3인 1조 윈드서핑 범장한다. ▷올바르게 범장이 되었는지 확인한다. ●준비운동 ①팔벌려 높이뛰기 20회 ②팔·상체운동 ③어깨와 상지운동 ④대퇴사두근 운동 ⑤엉덩이 굴근 운동 ⑥비복근 운동 ●학습목표제시 ▷세일링에 필요한 복장, 안전용품 및 안전수칙에 대해서 알아보고, 세일링 중 장비파손 시 패들링으로 출발지점까지 돌아 올수 있어야 한다.	5분	· 출석확인 · 집중하기
전 개	●복장 및 안전용품에 대한 설명 ▷학생들이 안전한 세일링을 하기위해 착용해야할 슈트, 슈즈, 구명동의 등에 대해 설명하고, 착용방법 및 착용에 대한 중요성을 설명한다. ●패들링 설명 ●안전수칙 설명 ▷안전수칙을 무시하고 세일링을 할 경우 큰 위험에 처할 수 있으므로 세일링 중 지켜야 할 안전수칙을 실천할 수 있도록 설명한다. ▷구조신호 ▷패들링 중 체력이 떨어지거나 조류에 밀려서 도저히 해안으로 돌아오기 힘들 때 주의를 끌고 도움을 받을 수 있도록 국제조난신호를 사용하는 방법을 설명한다. ●실습 ▷3인 1조로 구성하여 패들링 및 국제조난신호를 자세를 취하여 본다. ▷학생들이 교육내용에 대하여 이해하고 실제로 행동을 취할 수 있는지 순회 지도한다.	40분	· 집중하기 · 행동시범 · 구조장비 준비 (카약)
정 리	●정리운동 및 장비정리 ●환자파악 및 차시예고 ▷차시예고 : 윈드서핑의 기본동작 5스텝, 3스텝	5분	· 장비 깨끗이 세척

4) 4차시 학습지도안

교 과	윈드서핑		년 월 일	지도교사	
단 원	윈드서핑			차 시	4/7
학습주제	윈드서핑의 기본동작 5스텝·3스텝			교 과 서	
학습목표	1. 윈드서핑을 타기 위한 기본동작으로 뉴트럴 포지션 및 5스텝·3스텝으로 범주할 수 있다.			수업형태	실습

학습단계	교수-학습단계	시간	자료 및 유의점
도 입	●출석확인 및 환자파악 ●수업준비 확인 ▷3인 1조 윈드서핑 범장한다. ▷올바르게 범장이 되었는지 확인한다. ●준비운동 ①팔벌려 높이뛰기 20회 ②팔·상체운동 ③ 어깨와 상지운동 ④ 대퇴사두근 운동 ⑤엉덩이 굴근 운동 ⑥비복근 운동 ●학습목표제시 ▷ 윈드서핑을 타기 위한 기본동작으로 뉴트럴 포지션 및 5스텝·3스텝을 통하여 항해할 수 있다.	5분	·출석확인 ·윈드서핑 범장 ·집중하기
전 개	●뉴트럴 포지션 실습 ▷보드는 바람에 직각이고 세일은 보드에 직각인 상태를 유지할 수 있게 설명한다. ▷해상에서 세일 업 할 때 파도나 바람으로 인해 뉴트럴 포지션을 취하기 힘들다는 것을 설명해 준다. ▷육상에서 구분동작으로 설명하고 해상에서 연결동작을 시범을 통하여 보여준다. ●5스텝 실습 1단계 2단계 3단계 4단계 5단계 ▷1단계에서 발을 뒤로 이동할 때 뉴트럴 포지션 상태가 흐트러지기 때문에 마스트를 진행방향 어깨 쪽에 세워져야 중심을 잃지 않는다고 설명한다. ▷3단계에서 업홀라인을 잡은 손이 붐으로 이동할 때 붐 죠에서 어깨 폭 정도의 지점을 잡는다고 설명한다. ▷5단계에서 붐 죠 아랫부분을 잡고 있는 손을 붐으로 이동 할 때 붐 죠에서 15~20cm정도의 지점을 잡는다고 설명한다. ●3스텝 실습 1단계 2단계 3단계 ▷육상에서 단계별 구분동작으로 설명하고 해상에서 연결동작을 시범을 통하여 보여준다.	40분	·집중하기 ·행동시범 ·조별거리 유지 ·구조장비 준비 (카약)
정 리	●정리운동 및 장비정리 ●환자파악 및 차시예고 ▷차시예고 : 로프태킹, 자이빙	5분	·장비 깨끗이 세척

5) 5차시 학습지도안

교　과	윈드서핑		년　　　월　　　일	지도교사	
단　원	윈드서핑			차　시	5/7
학습주제	로프태킹, 로프자이빙			교 과 서	
학습목표	1. 방향전환 시 사용할 수 있는 로프태킹, 로프자이빙에 대해서 익히고 출발지점까지 방향전환을 통하여 다시 돌아올 수 있다.			수업형태	실습
학습단계	교수-학습단계			시간	자료 및 유의점
도　입	●출석확인 및 환자파악 ●수업준비 확인 ▷3인 1조 윈드서핑 범장한다. ▷올바르게 범장이 되었는지 확인한다. ●준비운동 ①팔벌려 높이뛰기 20회 ②팔·상체운동 ③어깨와 상지운동 ④대퇴사두근 운동 ⑤엉덩이 굴근 운동 ⑥비복근 운동 ●학습목표제시 ▷방향전환 시 사용할 수 있는 로프태킹, 자이빙에 대해서 익히고 출발지점까지 방향전환을 통하여 다시 돌아올 수 있다.			5분	· 출석확인 · 윈드서핑 범장 · 집중하기
전　개	●로프태킹 ▷양 손으로 업홀라인 및 마스트를 잡고 리그부를 보드 뒷 쪽으로 회전 시키고 몸을 보드 앞 쪽 방향으로 조금 씩 반대편으로 움직이는 것을 설명한다. ▷육상에서 구분동작으로 설명하고 해상에서 연결동작을 시범을 통하여 보여준다. ●로프자이빙 ▷양손을 업홀라인을 잡고 리그부를 보드 앞 쪽으로 회전시키고 몸을 모두 뒷 쪽 방향으로 조금 씩 반대편으로 움직이는 것을 설명한다. ●실습 ▷바람의 방향 및 세기를 고려하여 제자리에서 로프태킹, 자이빙 연습을 하고, 10m 떨어진 곳에 부이(buoy)를 띄어놓고, 조별로 한 명씩 부이를 로프태킹, 자이빙으로 출발점까지 돌아올 수 있도록 한다. ▷조별간의 간격은 10m를 유지한다.			40분	· 집중하기 · 행동시범 · 부이 준비 · 구 조 장 비 준비(카약)
정　리	●정리운동 및 장비정리 ●환자파악 및 차시예고 ▷차시예고 : 방향전환 기술 태킹			5분	· 장비 깨끗이 세척

6) 6차시 학습지도안

교 과	윈드서핑		년 월 일	지도교사	
단 원	윈드서핑			차 시	6/7
학습주제	방향 전환기술 태킹			교 과 서	
학습목표	1. 방향전환 기술인 태킹에 대해서 익히고 출발지점까지 방향전환을 통하여 다시 돌아올 수 있다.			수업형태	실습

학습단계	교수-학습단계	시간	자료 및 유의점
도 입	●출석확인 및 환자파악 ●수업준비 확인 ▷3인 1조 윈드서핑 범장한다. ▷올바르게 범장이 되었는지 확인한다. ●준비운동 ①팔벌려 높이뛰기 20회 ②팔·상체운동 ③어깨와 상지운동 ④대퇴사두근 운동 ⑤엉덩이 굴근 운동 ⑥비복근 운동 ●학습목표제시 ▷방향전환 기술인 태킹에 대해서 익히고 출발지점까지 방향전환을 통하여 다시 돌아올 수 있다.	5분	·출석확인 ·윈드서핑 범장 ·집중하기
전 개	●태킹 ▷클로즈 홀드로 달리는 윈드서핑이 러핑업을 하여 반대편 클로즈 홀드로 선회하는 것을 태킹이라 한다. ▷육상에서 구분동작으로 설명하고 해상에서 연결동작을 시범을 통하여 보여준다. ●실습 ▷바람의 방향 및 세기를 고려하여 30m 떨어진 곳에 부이(buoy)를 띄어놓고, 조별로 한 명씩 부이를 태킹으로 출발점까지 돌아올 수 있도록 한다. ▷조별간의 간격은 10m를 유지한다.	40분	·집중하기 ·행동시범 ·부이 준비 ·구 조 장 비 준비(카약)
정 리	●정리운동 및 장비정리 ●환자파악 및 차시예고 ▷차시예고 : 방향 전환기술 자이빙	5분	·장비 깨끗이 세척

7) 7차시 학습지도안

교 과	윈드서핑	년 월 일	지도교사	
단 원	윈드서핑		차 시	7/7
학습주제	방향 전환기술 자이빙		교 과 서	
학습목표	1. 방향전환 기술인 자이빙에 대해서 익히고 출발지 점까지 방향전환을 통하여 다시 돌아올 수 있다.		수업형태	실습

학습단계	교수-학습단계	시간	자료 및 유의점
도 입	●출석확인 및 환자파악 ●수업준비 확인 ▷3인 1조 윈드서핑 범장한다. ▷올바르게 범장이 되었는지 확인한다. ●준비운동 ①팔벌려 높이뛰기 20회 ②팔·상체운동 ③ 어깨와 상지운동 ④대퇴사두근 운동 ⑤엉덩이 굴근 운동 ⑥비복근 운동 ●학습목표제시 ▷방향전환 기술인 자이빙에 대해서 익히고 출발지점까지 방향전환을 통하여 다시 돌아올 수 있다.	5분	· 출석확인 · 윈드서핑 범장 · 집중하기
전 개	●자이빙 ▷자이빙은 브로드 리치에서 더욱 보드를 베어시켜 바람이 불어 가는 쪽(풍하)으로 보드를 회전시키는 것을 자이빙이라 한다. ▷육상에서 구분동작으로 설명하고 해상에서 연결동작을 시범을 통하여 보여준다. ●실습 ▷바람의 방향 및 세기를 고려하여 30m 떨어진 곳에 부이 (buoy)를 띄어놓고, 조별로 한 명씩 부이를 자이빙으로 출발점 까지 돌아올 수 있도록 한다. ▷조별간의 간격은 10m를 유지한다.	40분	· 집중하기 · 행동시범 · 부이 준비 · 구 조 장 비 준비(카약)
정 리	●정리운동 및 장비정리 ●환자파악 및 차시예고	5분	· 장비 깨끗이 세척

2. 일일 학습지도안(1~4일)

1) 1일차 학습지도안

교 과	윈드서핑			년 월 일	지도교사	
단 원	윈드서핑				차 시	1일차
학습주제	윈드서핑의 개요 및 세일링 포인트와 장비 명칭과 범장·해장				학습시간	09:00~16:00
학습목표	1. 풍향과 풍위, 추진원리에 대해 이해한다. 2. 풍향에 따른 세일링 포인트 명칭을 알 수 있다. 3. 윈드서핑의 각 부분의 기능 및 명칭을 숙지한다. 4. 윈드서핑의 범장·해장의 순서를 숙지한다.				수업형태	이론 및 실습

학습단계	교수-학습단계	자료 및 유의점
09:00~ 09:10	●출석확인 ●수업준비 확인 ●학습목표제시 ▷풍향과 풍위에 대해 이해하고, 추진원리 및 풍향에 따른 세일링 포인트 명칭을 알 수 있다. ▷윈드서핑의 각 부분의 기능 및 명칭을 숙지한다. ▷윈드서핑의 범장 및 해장 순서를 숙지한다.	·출석확인
09:10~ 11:50	●풍향과 풍위 설명 ▷풍상, 풍하, 스타보드, 포트 4가지 풍위 개념을 설명 할 수 있도록 한다. ●추진원리 설명 ▷양력과 항력에 대하여 설명할 수 있도록 하고 학생들이 쉽게 이해할 수 있도록 예를 들어 설명한다. ●세일링 포인트 설명 ▷세일링 각도 범위와 그 명칭에 대해서 이해 할 수 있도록 설명한다. ▷러핑업 및 베어링 어웨이에 대한 설명을 한다.	
12:00~ 13:00	점심시간	

학습단계	교수-학습단계	자료 및 유의점
13:00~ 13:30	●출석확인 및 환자파악 ●수업준비 확인 ▷복장(슈트, 슈즈) 및 구명동의 착용상태 확인 ▷윈드서핑 장비 확인 ●조편성 ▷3인 1조로 편성한다. ▷조 편성시 남·여 및 신체조건이 비슷한 학생끼리 편성하도록 한다. ▷수업 시작할 때에는 조별로 모일 수 있도록 지시한다. ●준비운동 ①팔벌려 높이뛰기 20회 ②팔·상체운동 ③ 어깨와 상지운동 ④대퇴사두근 운동 ⑤엉덩이 굴근 운동 ⑥비복근 운동	· 출석확인 · 복장확인 · 조편성
13:30~ 15:30	●윈드서핑의 명칭 설명 ▷윈드서핑 각 부분의 기능 및 사용법을 설명한다. ▷윈드서핑의 각 부분의 명칭 　–보드부　　　　　　　　　　–리그부 ●윈드서핑의 범장 설명 부품확인→마스트와 세일결합→마스트 베이스 결합 →마스트에 붐 결합 →붐 엔드에 세일 결합 →조인트를 이용하여 리그부와 보드부 연결 ●윈드서핑의 해장 해장은 범장의 역순으로 시행하는 것을 설명한다. ● 범장 및 해장을 조별로 실시한다. ▷조별간의 5m 거리 이상을 유지하여 범장 및 해장을 실시한다. ▷학생들이 순서에 맞게 올바르게 범장을 실시하는지 순회 지도한다.	· 부품 결합 시 이물질(모래) 제거후 결합 · 행동시범 · 순회지도
15:30~ 16:00	●정리운동 및 장비정리 ●환자파악 및 차시예고	· 장비 깨끗이 세척

2) 2일차 학습지도안

교 과	윈드서핑		년 월 일	지도교사	
단 원	윈드서핑			차 시	2일차
학습주제	윈드서핑 세일링 준비 및 기본동작			학습시간	09:00~16:00
학습목표	1. 세일링을 위해 갖추어야 할 복장, 안전용품에 대해서 알 수 있다. 2. 세일링 중 장비파손 시 패들링으로 출발지점까지 돌아 올수 있다. 3. 세일링 안전수칙에 대해 알고 실천할 수 있어야 한다. 4. 윈드서핑을 타기 위한 기본동작으로 뉴트럴 포지션 및 5스텝·3스텝을 통하여 항해할 수 있다.			수업형태	실습

학습단계	교수-학습단계	자료 및 유의점
09:00~ 09:30	●출석확인 ●수업준비 확인 ▷3인1조 윈드서핑 범장한다. ▷올바르게 범장이 되었는지 확인한다. ●준비운동 ①팔벌려 높이뛰기 20회 ②팔·상체운동 ③ 어깨와 상지운동 ④대퇴사두근 운동 ⑤엉덩이 굴근 운동 ⑥비복근 운동 ●학습목표제시 ▷세일링에 필요한 복장, 안전용품 및 안전수칙에 대해 알아보고, 세일 중 장비파손 시 패들링으로 출발지점까지 돌아 올수 있어야 한다.	· 출석확인
09:30~ 12:00	●복장 및 안전용품에 대한 설명 ▷학생들이 안전한 세일링을 하기위해 착용해야할 슈트, 슈즈, 구명동의 등에 대해 설명하고, 착용방법 및 착용에 대한 중요성을 설명한다. ●패들링 설명 ▷조별 패들링 게임을 실시한다. ●안전수칙 설명 ▷안전수칙을 무시하고 세일링을 할 경우 큰 위험에 처할 수 있으므로 세일링 중 지켜야 할 안전수칙을 실천할 수 있도록 설명한다. ▷구조신호 ▷패들링 중 체력이 떨어지거나 조류에 밀려서 도저히 해안으로 돌아오기 힘들 때 주의를 끌고 도움을 받을 수 있도록 국제조난신호를 사용하는 방법을 설명한다. ●실습 ▷3인 1조로 구성하여 패들링 및 국제조난신호를 자세히 취하여 본다. ▷학생들이 교육내용에 대하여 이해하고 실제로 행동을 취할 수 있는지 순회 지도한다.	
12:00~ 13:00	점심시간	

학습단계	교수-학습단계	자료 및 유의점
13:00~ 13:30	●출석확인 및 환자파악 ●수업준비 확인 ▷복장(슈트, 슈즈) 및 구명동의 착용상태 확인 ▷윈드서핑 장비 확인 및 범장 ●조편성 ▷3인 1조로 편성한다. ▷조 편성시 남·여 및 신체조건이 비슷한 학생끼리 편성하도록 한다. ▷수업 시작할 때에는 조별로 모일 수 있도록 지시한다. ●준비운동 ①팔벌려 높이뛰기 20회 ②팔·상체운동 ③ 어깨와 상지운동 ④대퇴사두근 운동 ⑤엉덩이 굴근 운동 ⑥비복근 운동	·출석확인 ·복장확인 ·조편성
13:30~ 15:30	●뉴트럴 포지션 실습 ▷보드는 바람에 직각이고 세일은 보드에 직각인 상태를 유지할 수 있게 설명한다. ▷해상에서 세일 업 할 때 파도나 바람으로 인해 뉴트럴 포지션을 취하기 힘들다는 것을 설명해 준다. ▷육상에서 구분동작으로 설명하고 해상에서 연결동작 시범을 통하여 보여준다. ●5스텝 실습 1단계 2단계 3단계 4단계 5단계 ▷1단계에서 발을 뒤로 이동할 때 뉴트럴 포지션 상태가 흐트러지기 때문에 마스트를 진행방향 어깨 쪽에 세워져야 중심을 잃지 않는다고 설명한다. ▷3단계에서 업홀라인을 잡은 손이 붐으로 이동할 때 붐 죠에서 어깨 폭 정도의 지점을 잡는다고 설명한다. ▷5단계에서 붐 죠 아랫부분을 잡고 있는 손을 붐으로 이동 할 때 붐 죠에서 15~20cm정도의 지점을 잡는다고 설명한다. ●3스텝 실습 1단계 2단계 3단계 ▷육상에서 단계별 구분동작으로 설명하고 해상에서 연결동작을 시범을 통하여 보여준다. ●5스텝 및 3스텝 해상에서 실습 ▷조별 거리를 유지하면서 해상에서 뉴트럴 포지션 및 기본스텝 연습을 실시한다. ▷세일업을 하는 중에 세일을 놓치게 되면 세일이 바람을 타 보드 주변에 있는 사람을 다치게 할 수 있으니 세일 업을 하는 사람을 제외한 나머지 학생들은 보드를 중심으로 항상 풍상 위치에 있어야한다.	·행동시범 ·순회지도
15:30~ 16:00	●정리운동 및 장비정리 ●환자파악 및 차시예고 ▷차시예고 : 로프태킹, 자이빙	·장비 깨끗이 세척

3) 3일차 학습지도안

교 과	윈드서핑		년 월 일	지도교사	
단 원	윈드서핑			차 시	3일차
학습주제	방향전환 기술 로프태킹·자이빙, 태킹·자이빙			학습시간	09:00~16:00
학습목표	1. 방향전환 기술인 로프태킹·자이빙 및 태킹·자이빙에 대해서 익히고 항해 후 출발지점까지 방향전환을 통하여 다시 돌아올 수 있다.			수업형태	실습

학습단계	교수-학습단계	자료 및 유의점
09:00~ 09:30	●출석확인 ●수업준비 확인 ▷3인1조 윈드서핑 범장한다. ▷올바르게 범장이 되었는지 확인한다. ●준비운동 ①팔벌려 높이뛰기 20회 ②팔·상체운동 ③ 어깨와 상지운동 ④대퇴사두근 운동 ⑤엉덩이 굴근 운동 ⑥비복근 운동 ●학습목표제시 ▷방향전환 기술인 로프 태킹·자이빙 및 태킹·자이빙에 대해서 익히고 출발지점까지 방향전환을 통하여 다시 돌아올 수 있다.	· 출석확인
09:30~ 12:00	●로프태킹 ▷양 손으로 업홀라인 및 마스트를 잡고 리그부를 보드 뒷 쪽으로 회전 시키고 몸을 보드 앞 쪽 방향으로 조금 씩 반대편으로 움직이는 것을 설명한다. ▷육상에서 구분동작으로 설명하고 해상에서 연결동작을 시범을 통하여 보여준다. ●로프자이빙 ▷양손을 업홀라인을 잡고 리그부를 보드 앞 쪽으로 회전 시키고 몸을 보드 뒷 쪽 방향으로 조금씩 반대편으로 움직이는 것을 설명한다. ●실습 ▷바람의 방향 및 세기를 고려하여 제자리에서 로프태킹, 자이빙 연습을 하고, 10m 떨어진 곳에 부이(buoy)를 띄어놓고, 조별로 한 명씩 부이를 로프태킹, 자이빙으로 출발점 까지 돌아올 수 있도록 한다. ▷조별간의 간격은 10m를 유지한다.	· 행동시범 · 부이 준비 · 구조장비 준비 (카약)
12:00~ 13:00	점심시간	

학습단계	교수-학습단계	자료 및 유의점
13:00~ 13:30	●출석확인 및 환자파악 ●수업준비 확인 ▷복장(슈트, 슈즈) 및 구명동의 착용상태 확인 ▷윈드서핑 장비 확인 및 범장 ●준비운동 ①팔벌려 높이뛰기 20회 ②팔·상체운동 ③ 어깨와 상지운동 ④대퇴사두근 운동 ⑤엉덩이 굴근 운동 ⑥비복근 운동	·출석확인 ·복장확인 ·조편성
13:30~ 15:30	●태킹 ▷클로즈 홀드로 달리는 윈드서핑이 러핑업을 하여 반대편 클로즈 홀드로 선회하는 것을 태킹이라 한다. ▷육상에서 구분동작으로 설명하고 해상에서 연결동작을 시범을 통하여 보여준다. ●실습 ▷바람의 방향 및 세기를 고려하여 30m 떨어진 곳에 부이(buoy)를 띄어놓고, 조별로 한 명씩 부이를 태킹으로 출발점 까지 돌아올 수 있도록 한다. ▷조별간의 간격은 10m를 유지한다. ●자이빙 ▷자이빙은 브로드 리치에서 더욱 보드를 베어시켜 바람이 불어가는 쪽(풍하)으로 보드를 회전시키는 것을 자이빙이라 한다. ▷육상에서 구분동작으로 설명하고 해상에서 연결동작을 시범을 통하여 보여준다. ●실습 ▷바람의 방향 및 세기를 고려하여 30m 떨어진 곳에 부이(buoy)를 띄어놓고, 조별로 한 명씩 부이를 자이빙으로 출발점 까지 돌아올 수 있도록 한다. ▷조별간의 간격은 10m를 유지한다.	·행동시범 ·부이 준비 ·구조장비 준비 (카약)
15:30~ 16:00	●정리운동 및 장비정리 ●환자파악	·장비 깨끗이 세척

4) 4일차 학습지도안

교 과	윈드서핑		년 월 일	지도교사	
단 원	윈드서핑			차 시	4일차
학습주제	세일링 코스연습(리칭 & 리칭 8자)			학습시간	09:00~16:00
학습목표	1. 코스연습을 통하여 세일링에 자신감을 갖도록 한다.			수업형태	실습

학습단계	교수-학습단계	자료 및 유의점
09:00~ 09:30	●출석확인 ●수업준비 확인 ▷3인1조 윈드서핑 범장한다. ▷올바르게 범장이 되었는지 확인한다. ●준비운동 ①팔벌려 높이뛰기 20회 ②팔·상체운동 ③ 어깨와 상지운동 ④대퇴사 두근 운동 ⑤엉덩이 굴근 운동 ⑥비복근 운동 ●학습목표제시 ▷코스연습을 통하여 세일링에 자신감을 갖도록 한다.	·출석확인

09:30~
12:00
	●소시지 및 삼각코스 연습
	▷풍향을 중심으로 같은 풍위로 마크 2~3개를 띄운다.
	▷시계방향 및 반시계방향으로 세일링 연습을 한다.
	▷부표와 부표사이 거리는 그날의 바람과 조류에 따라 정한다.(약 30m)
	▷안전사고에 대비하기 위해 보조요원을 카약 등을 이용하여 각 부표부
	  근에 위치시켜 보드가 바람 및 조류에 밀려날 경우 구조할 수 있도록
	  한다.
	▷마크에 최대한 근접해서 선회할 수 있도록 한다.
	▷다음 마크까지 일직선으로 곧게 세일링 할 수 있도록 한다.
	
		·행동시범
		
		·부이 준비
		
		·구조장비 준비
		(카약)

12:00~ 13:00	점심시간	

학습단계	교수-학습단계	자료 및 유의점
13:00~ 13:30	●출석확인 및 환자파악 ●수업준비 확인 ▷복장(슈트, 슈즈) 및 구명동의 착용상태 확인 ▷윈드서핑 장비 확인 및 범장 ●준비운동 ①팔벌려 높이뛰기 20회 ②팔·상체운동 ③ 어깨와 상지운동 ④대퇴사두근 운동 ⑤엉덩이 굴근 운동 ⑥비복근 운동	· 출석확인 · 복장확인 · 조편성
13:30~ 15:30	●소시지 및 삼각코스 경기 ▷조별 릴레이 형식으로 소세지 및 삼각코스 미니 경기를 실시한다. ▷안전사고에 대비하기 위해 보조요원을 카약 등을 이용하여 각 부이부근에 위치시켜 보드가 바람 및 조류에 밀려날 경우 구조할 수 있도록 한다. 	· 행동시범 · 부이 준비 · 구조장비 준비 (카약)
15:30~ 16:00	●정리운동 및 장비정리 ●환자파악	· 장비 깨끗이 세척

196

참고문헌

강신범(2002). **윈드서핑의 이론과 실제**. 부산 : 동아대학교 출판부.

고동우(2009). **여가학의 이해**. 서울: 세림출판.

김광득(2008). **여가와 현대사회**. 서울 : 백산출판사

네이버지식백과. htt://m.terms.naver.com

대한적십자사(2009). **응급처치법**. 서울 : 늘품플러스.

문창일, 유정인, 박철수, 문익수(2008). **입문에서 실전까지 사진으로 배우는 윈드서핑**. 서울 : 레인보우북스.

박병국, 윤해광(2006). **윈드서핑의 이해**. 서울 : UUP.

송형석, 이학준 역 / D. Hyland. (2006). **스포츠철학**. 서울: 북힐스.

양명환(2011). **레저 · 레크레이션**. 제주 : 도서출판 온누리.

이석인(2000). **윈드서핑**. 서울: 21세기교육사.

이승훈, 김동규(2013). 스포츠맨십의 윤리학적 정초. **한국체육철학회지**, **21**(1). p42.

전종귀(2013). **윈드서핑**. 서울: 대한미디어.

최의창(2010). 스포츠맨십은 가르칠 수 있는가?. **한국스포츠교육학회지**, **17**(1). p3.

Chubb, M., & Chubb, H.(1981). *One third of our time : An introduction to recreation behavior and resources*. New York: John Wiley and Sons. p.51.

Cleaver, V., & Eisenhart, H.(1982). Stress reduction through effective use of leisure. *Journal of Physical Education, Recreation and Dance, 53*, 33-34.

Coutts, J.(2002). *Start Windsurfing Right! : The National Standard of Quality Instruction for Anyone Learning How to Windsurf*. U. S Sailing Association.

Currer, I.(2004). *Windsurfing : The Complete Guide*. Air Supplies Press.

Edginton, C. R., Degraaf, D. G., Dieser, R. B., & Edginton, A. R.(2006). *Leisure and life satisfaction : Foundational perspectives*(4th ed.). NY : McGraw-Hill.

Frey, J., & Massengale, J.(1988). American school sports : Enhancing social values through restructuring. *Journal of Physical Education, Recreation and Dance, August, 40. 59,* 40–48.

Harter, P.(2005). *Windsurfing.* Crowood Press.

Iso-Ahola, S.E., & Weissinger, E.(1984). Leisure and well-being: Is there a connection?. *Parks and Recreation, 19,* 40–44.

Jones, P.(1992). *Learn windsurfing in a weekend.* Dorling Kindersley Press.

Kelly, J.(1978). Leisure styles and choices in three environments. *Pacific Sociological Review 2,* 178–208.

Kraus, R.(1998). *Recreation & leisure in modern society.* Canada: Jones and Barrlett Publishers.

Mason, P.(2010). *Windsurfing : The World's Windiest Water Sport Spots and Techniques.* Capstone Press.

Wilkerson, M., & Dodder, R.(1979). What does sport do for people?. *Journal of Physical Education, Recreation and Dance, 50,* 50–51.

Windsrfing–Wikipedicy the free encyclopedia www.google.co.kr

부 록

■■■용어해설

[ㄱ]

- 겉보기 바람(Apparent Wind) : 실제로 불어오는 진풍과 세일링에 의한 진행풍이 합해져서 생긴 바람.
- 게이트 스타트(Gate Start) : 경기 출발방식의 하나로 큰 규모의 시합에서 쓰임.
- 겔렌데(Gelande) : 보드장, 스키장.
- 국제요트경기연맹(International Yacht Racing Union : IYRU) : 펀보드 레이싱을 제외한 모든 국제경기를 주관한다.
- 균형점(Balanced Point) : CE(풍압중심)가 작용하는 붐(boom)상의 가상 점. 세일에 따라 생긴 힘의 대부분이 집중되는 것으로 생각되는 세일 위의 포인트.

[ㄴ]

- 노고존(No Go Zone) : 바람이 불어오는 쪽으로 바람의 중심 좌우 약 45도에 이르는 범위로 데드존이라고도 함. 이 구역에 들어가면 동력을 잃고 전혀 세일링을 할 수 없음. 범주불능지역 이라고도 함.
- 노우즈 싱크(Nose Sink) : 바우(bow) 부분에 체중을 이동하여 수면 속으로 뱃머리를 집어 넣는 프리 스타일.
- 노즈(Nose, 선수) : 보드의 앞쪽 끝부분, 바우(bow)라고도 함.
- 노트(Knots) : miles per hour. 0.5m/sec = 1kn(단위). 1knot = 1,852m/h
- 논슬립(Nonslip) : 보드 윗면의 미끄럼 방지를 위해 바르는 물질.
- 뉴트럴포지션(Neutral Position) : 바람과 보드가 직각, 세일과 보드가 직각인 안정된 자세. 초보자에게는 무엇보다도 중요한 자세.
- 뉴튼의 운동법칙(Newton's Law of Motion) : 물체의 운동에 관한 뉴튼의 기본법칙(관성의 법칙, 가속도의 법칙, 작용 반작용의 법칙).

[ㄷ]

- 다운홀 라인(Downhaul Line) : 마스트에 결합된 익스텐션과 다운홀을 연결하는 시트로 세일을 아래로 당기기 위한 시트.
- 다운홀(Downhaul) : 마스트 풋에 클리트를 매는 구멍.
- 당김모드(Pull Mode) : 에어포일의 양면을 흐르는 유체의 압력차에 의해 발생하는 양력으로 움직이는 방식.
- 대거 보드(Dagger Board) : 보드가 옆으로 밀리는 것을 막아주는 횡 저항판으로 보드의 중앙에 꽂는 커다란 핀. 상하로 움직여 보드가 옆으로 흐르는 것을 막아주며, 보드의 롤링(rolling)을 막아주기 때문에 풍상 세일링 시에 반드시 필요함.
- 덕 자이브(Duck Jibe) : 보드의 앞쪽으로 세일을 넘기는 대신 스키퍼가 세일의 붐사이드 아래로 넘어가는 방법의 자이브.
- 덕 태크(Duck Tack) : 태킹할 때, 몸을 세일 밑으로 하여 반대로 옮기는 행위.
- 덤핑 웨이브(Dumping Waves) : 해변에 거치게 부서지는 높은 파도.
- 덱(Deck) : 보드의 윗부분.
- 듀얼 배튼 시스템(Dual Batten System) : 풀 배튼과 하프 배튼을 동시에 사용하는 세일.

[ㄹ]

- 라이딩(Riding) : 보드를 파도에 얹어 스피드를 증가시키는 세일링.
- 라이프 재킷(Life Jacket) : 물속에서 부력이 생기는 구명동의(초보자 및 수영에 미숙한 사람들은 필수적으로 준비를 해야 할 장비임).
- 라인 스타트(Line Start) : 일반적으로 해상의 부표와 선박을 잇는 가상의 선으로 코스레이싱의 스타트 방식.
- 라커(Rocker) : 선수와 선미를 잇는 곡선.
- 랜딩(Landing) : 보드를 육지로 올리는 것.
- 러닝(Running) : 바람이 진행 방향의 정후면에서 불어올 때의 세일링 포인트. 풍하 쪽을 향하여 세일링하는 것.

- 러프(Luff) : 세일의 앞부분 가장자리.
- 러핑 업(Luffing up) : 보드의 머리 부분을 바람이 불어오는 쪽으로 돌리는 것. 줄여서 러프 또는 러핑이라고도 한다.
- 런(Run) : 바람과 동일한 방향으로 세일링하는 기술.
- 레그(Leg) : 마크와 마크를 잇는 가상의 선.
- 레이 라인(Lay Line) : 경기정이 풍상의 마크를 향하여 크로스 홀드로 진행하려 하는 가상의 선.
- 레이스보드 클래스(Raceboard Class) : 선수들이 모든 세일링 포인트에서 효율적으로 세일링할 수 있도록 이동식 마스트 트랙과 대거보드를 갖고 있는롱보드를 사용하는 경기.
- 레일 라이드(Rail Ride) : 풍상측의 빔(beam)을 세워서 양발을 딛고 세일하는 기술.
- 레일(Rail) : 보드의 측면.
- 레일링(Railing) : 풍하측 레일을 물에 잠기게 하여 보드의 측면저항을 증가시킴.
- 로프 자이빙(Rope Jibing) : 보드의 선수가 풍하 쪽으로 180° 회전하는 기술.
- 로프 태킹(Rope Tacking) : 보드의 선수가 풍상 쪽으로 180° 회전하는 기술.
- 론칭(Launching) : 보드를 물에 띄우려 내미는 것. 출발하기 위해 배를 바다로 가져가는 것.
- 리 웨이(Lee Way) : 예정의 진로보다 풍하 쪽으로 밀려가는 것.
- 리그(Rig) : 보드를 추진시키는 마스트(mast)와 세일(sail)과 붐(boom)의 총칭.
- 리시 코드(Leash cord) : 조인트가 벗어졌을 때 리그를 매어두는 시트 또는 고무끈.
- 리워드 백 세일링(Leeward Back Sailing) : 풍하 쪽에서 세일을 등지고 하는 세일링 기술의 일종.
- 리워드(Leeward) : 보드의 풍하측면. 순풍 방향.
- 리치(Leech) : 돛의 뒤 가장자리 부분. 세일 톱과 아웃홀을 연결하는 선.
- 리칭(Reaching) : 바람에 대해 직각으로 세일링하는 것. 클로즈 리취, 빔 리취를 합하여 칭하는 말.

- 리타이어(Retire) : 경기정이나 피니시를 포기하고 귀환하는 것.
- 리프트(Lift) : 양력. 유체속의 물체가 수직방향으로 받는 힘.

[ㅁ]

- 마스트 슬리브(Mast Sleeve) : 세일의 앞부분에 있는 마스트를 꽂는 주머니 모양의 것.
- 마스트 탑(Mast Top) : 마스트의 맨 윗부분.
- 마스트 트랙(Mast Track) : 보드위에 있는 움직이는 레일. 조인트를 여기에 꽂아 앞뒤로 움직이게 하는 장치.
- 마스트 풋(Mast Foot) : 마스트 밑을 받쳐주는 부품.
- 마스트(Mast) : 돛대.
- 마크 터치(Mark Touch) : 경기정이 마크를 회항하다가 닿는 경우를 말함.
- 밀기모드(Push Mode) : 세일의 한 면에 받는 바람의 힘으로 전진하는 방식. 풍하모드라고도 함. 풍상모드라고도 함.

[ㅂ]

- 바우 아이(Bow Eye) : 바우에 만들어져 있는 구조용 로프 걸이. 보드 전체에 붙어 있는 끈을 꿸 수 있는 고리. 구조될 때는 여기에 끈을 매어 당김.
- 바우(Bow) : 뱃머리. 선수. 보드의 앞부분.
- 배튼(Batten) : 세일의 모양을 갖추기 위해 꽂는 수직 막대기. 길이는 세일의 디자인에 따라 달라진다.
- 백 투 윈드 포지션(Back-to-wind position) : 바람을 등진 자세.
- 밸런스 포인트(Balance Point) : 범주하기 전에 리그를 끌어당기는 상태. 이 포인트에서는 리그의 무게를 크게 느끼지 못함.
- 버디시스템(Buddy System) : 안전의 개념으로 항상 동료와 함께 세일링하는 시스템.
- 범장(Rigging) : 윈드서핑 장비를 조립하는 것.
- 베르누이 정리(Bernoulli Theorem) : 유체가 흐르는 속도와 압력, 높이의 관계를 수량적으로 나타낸 법칙.

- 베어링 어웨이(Bearing Away) : 보드의 머리 부분을 바람이 불어가는 쪽으로 돌리는 일. 풍하방향으로 선수(bow)를 회전시키는 것. 베어링이라고도 함.
- 보드 사이드(Board Side) : 보드를 좌우로 이등분했을 경우의 좌측 부분.
- 보드 택(Board Tack) : 보드의 옆으로부터 바람을 받아 달리는 상태. 마스트 손은 왼손.
- 보드 트림(Board Trim) : 보드를 발로 조작하면서 진로를 변경하는 테크닉.
- 보텀(Bottom) : 보드를 옆으로 보았을 때의 하부.
- 보퍼트 스케일(Beaufort Scale) : 1805년 암블럼 보퍼트(Admiral Beaufort) 에 의해 고안된 풍속측정기준으로 노트(knots) 단위로 풍속을 12단계로 구분. 바람의 세기를 그 물리적 영향과 관련시켜 나타낸 시스템.
- 붐 엔드(Boom End) : 붐의 끝부분.
- 붐 죠우(Boom Jaw) : 붐의 앞끝 마스트와 접한 부분. 붐을 마스트에 결합하기 위한 부분.
- 붐(Boom) : 세일을 조정하기 위해 잡는 고무로 씌워진 휘어진 금속합금. 세일의 개폐와 마스트 전후 움직임으로써 세일링의 중요한 역할을 하는 조종간. 쇄골과 비슷한 모양의 조립 부품으로 세일을 지탱하고 리그를 조절하는데 사용함.
- 브로드 리치(Broad Reach) : 리치(reach)와 런(run) 의 중간각 으로 세일링.
- 블랭크(Blank) : 관습적으로 수작업에 의해 제작된 보드로 폴리우레탄과 폴리스틸렌이 주재료이다.
- 비치 스타트(Beach Start) : 얕은 물에서 출발하는 방식으로 세일과 보드는 결합된 상태이며, 바람을 이용하여 보드에 올라탐. 해상에서 업 홀링이 필요없음.
- 비팅(Beating) : 역풍 쪽에 목표지점이 있을 때 클로즈 홀드와 태킹을 사용해서 지그재그로 전진하는것.
- 빔 리치(Beam Reach) : 바람이 부는 방향과 직각(90°) 방향으로 세일링하는 것.

[ㅅ]

- 사이드 쇼어(Side Shore) : 해변을 따라 옆으로 부는 바람. 해변 기슭에 평행으로 부는 바람.
- 세이프 세일링(Safety Sailing) : 안전항해.
- 세일 업(Sail Up) : 세일을 수면으로부터 끌어 올려 세우는 것.
- 세일 오픈(Sail Open) : 힘을 줄이기 위해 붐의 세일을 잡은 손으로 세일을 늦추는 것.
- 세일 핸드(Sail Hand) : 붐 핸드라고도 하며, 붐을 잡았을 때, 마스트에서 먼쪽의 손.
- 세일링 아웃(Sailing Out) : 파도를 향하여 세일링으로 나아가는 것.
- 세일링 포인트(Sailing Point) : 세일링을 하는 여러 방향.
- 세일트림(Sail Trim) : 세일을 포함한 리그 전체를 전후좌우로 기울여 진로를 변경하는 것.
- 센터라인(Center Line) : 보드의 중앙으로 그은 가상의 중심선. 보드의 머리 부분에서 꼬리 부분으로 보드의 한가운데를 달리는 가상 라인.
- 셀프레스큐(Self-Rescue) : 비상시 자기구조 행동.
- 소프트 세일(Soft Sail) : 풀 배튼(full batten)을 사용하지 않는 세일(sail).
- 스케그(Skeg) : 보드의 꼬리부분 하부에 붙은 작은 핀으로 보드의 직진을 위해 꼭 필요함. 핀(Fin)이라고 함.
- 스쿠프(Scoop) : 보드의 뒤로 굽은 것.
- 스키퍼(Skipper) : 윈드서핑을 탄 사람.
- 스타보드 사이드(Starboard Side) : 우현.
- 스타보드 택(Starboard Tack) : 보드의 머리 부분을 향해서 보드의 오른쪽에 바람을 받고 세일링하는 것.
- 스타보드(Starboard) : 오른쪽을 일컫는 말로, 스타보드택(starboard tack)정은 오른손이 마스트(mast)핸드. 시합 중에는 권리정이 됨.
- 스턴(Stern) : 선미. 보드의 뒷부분.
- 스텝 존(Step Zone) : 초심자가 보드의 균형을 잡기 쉽게 하기 위한 발의 위치 범위.
- 스톨링(Stalling) : 세일을 지나치게 닫음으로써 발생하는 속도 저하 현상.
- 스티어링(Steering) : 보드를 세일이나 발로 조종하는 것.
- 스플릿 배튼 시스템(Split Batten System) : 캠버 인듀서(camber

inducer)를 채용하여 마스트(mast)주위로 세일(sail)의 좋은 형상을 유지함.

- 스핀 택(Spin Tack) : 몸을 바우 부분으로 일회전. 재빠르게 반대편으로 옮기는 태킹 기술.
- 스핀아웃(Spin Out) : 고속으로 런칭(reaching)할 때 주로 발생하며, 스케그(skeg) 주위로 물이 흘러 보드가 측면으로 심하게 밀리는 현상.
- 슬라럼 보드(Slalom Board) : 펀(fun)보드의 일종으로 회전 활강 경기를 목적으로 만들어진 보드.
- 슬라럼(Slalom) : 강풍에서 주로 리칭과 자이빙을 겨루는 경기. 펀(fun)보드 경기의 일종.
- 슬램 자이브(Slam Jibe) : 숏 보드에서 짧은 거리를 두고 행하는 카브 자이브 일종.
- 슬롯 플러셔(Slot Flusher) : 대거보드(dagger board) 아래로 물의 흐름을 부드럽게 함.
- 슬리브(Sleeve) : 세일에서 마스트를 끼우는 부분.
- 슬리트(Slit) : 마스트에 붐 죠우 장착을 위하여 뚫어진 슬리브 부분.
- 시뮬레이터(Simulator) : 육상에서 교육용으로 제작된 보드와 세일의 모형.
- 시버링(Shivering) : 세일을 일으켰을 때 세일이 바람에 날리는 상태.
- 시큐어 포지션(Secure Position) : 보드를 바람에 직각으로 두고 한손으로 마스트를 쥔 상태에서 출발하는 자세.
- 싱커(Sinker) : 강풍에서 사용되는 아주 작은 보드. 가만히 서 있으면 가라앉는다.
- 씨팅 인 아웃(Sheeting In Out) : 리그의 각을 조절하여 바람을 열고 닫는 역할.

[ㅇ]

- 아웃 라인(Out Line) : 보드의 덱(deck)을 위에서 본 현상.
- 아웃 리미트 마크(Out Limit Mark) : 레이스 코스의 스타트 라인으로 본 부정에서 떨어진 측의 마크.
- 아웃홀 라인(Outhaul Line) : 세일과 붐 엔드를 고정하기 위한 줄. 아웃

홀 라인을 사용하여 세일 옆을 당김을 조정하는 것. 세일의 전체적인 형상을 결정함.

- 언더핸드(Underhand) : 손가락이 위로 향하게 하여 붐을 잡는 방식.
- 업홀 라인(Uphaul Line) : 붐의 손잡이에 달려 있는 세일을 들어 올리는 줄. 세일을 물속에서 끌어올릴 때에 사용하는 굵은 로프.
- 업 윈드(Upwind) : 풍상. 윈드워드 라고도 함.
- 업홀(Uphaul) : 리그(rig)를 수면에서 들어올릴 때 사용하는 라인(line).
- 에지(Edge) : 보드 테두리의 모서리 부분.
- 오버 랩(Over Lap) : 같은 택의 두개의 보드가 겹친 상태.
- 오버시트(Over Sheet) : 세일링시 붐 엔드를 너무 세게 당겨 바람의 자연스러운 흐름을 방해하는 현상.
- 오버핸드(Over Hand) : 손가락이 아래로 향하게 하여 붐을 잡는 방식.
- 오프 쇼어(Off Shore) : 육지에서 바다로 부는 바람. 초보자는 조심해야 함.
- 오픈 클래스(Open Class) : 특정된 보드의 구분이 없는 시합방식.
- 온 쇼어(On Shore) : 바다에서 육지로 부는 바람.
- 올림픽 트라이앵글(Olympic Triangle) : 올림픽 삼각코스. Start line ~ End line = 3,704m.
- 왁스(Wax) : 보드에서 미끄러지지 않기 위해 보드의 표면에 바는 것.
- 워터스타드(Water Start) : 강풍에서 바람을 이용하여 물속에서 보드위로 올라가게하는 스타트방법.
- 웨이브 라이딩(Wave Riding) : 파도타기 기술.
- 웨트 슈트(Wet Suit) : 세일러들이 꼭 입어야 하는 보온, 방충의 세일링 복장.
- 윈드 시프트(Wind Shift) : 바람의 변화로 풍상측 마크를 돌고 있을 경우 중요한 전략의 한 부분.
- 윈드 어빔(Wind Abeam) : 바람의 방향과 직각(90°)으로 범주하는 상태.
- 윈드워드(Windward) : 풍상. 맞바람 방향.
- 유니버설 조인트(Universal Joint) : 리그부와 보드부를 연결하는 부품.
- 인홀(Inhaul) : 붐과 마스트를 연결하기 위한 구멍.
- 인홀 라인(Inhaul Line) : 붐을 마스트에 달기 위해 사용하는 줄.

[ㅈ]

- 자이브(Jibe) : 베어링 어웨이에서 시작하여 풍하측으로 방향을 전환하는 방법.
- 자이빙(Jibing) : 스피드를 떨어뜨리지 않고 보드의 머리 부분을 바람이 불어가는 쪽으로 방향을 전환하는 방법.
- 저항중심(Center of Lateral Resistance : CLR) : 보드가 수중에서 측면으로 받는 저항의 중심점.
- 조류(Current) : 밀물과 썰물 때문에 일어나는 바닷물의 흐름.
- 조수(Tide) : 해와 달, 특히 달의 인력에 의하여 주기적으로 바다면의 높이가 높아졌다 낮아졌다 하는 현상.
- 진풍(True Wind) : 실제로 부는 바람.

[ㅋ]

- 카이트 세일링(Kite Sailing) : 풍상 쪽으로 세일이 기울어져 바람이 세일의 아래로부터 들어 올려주는 연의 효과로 세일링하는 것.
- 카이트서핑(Kitesurfing) : 전용 카이트(연)을 사용하여 보드를 탄 상태에서 수상을 활주하는 수상 스포츠.
- 커트 백(Cut Back) : 웨이브 세일링(wave sailing)시 갑작스런 파도를 만났을 때 방향을 전환하는 방법.
- 컨케이브(Concaves) : 보드 바닥면의 부드러운 곡선으로 보드의 속도에 영향을 줌.
- 코스레이싱(Course Racing) : 해상에 부표를 띄워 놓고 일주하는 윈드서핑 경기방식의 일종.
- 쿼터 리(Quarter Lee) : 바람의 센터라인에 대해 후방의 대각선 방향에서 불어오는 세일링 포인트. 비스듬히 뒤로부터 바람을 받고 풍하 쪽으로 달리는 세일링. 브로드 리치라고도 함.
- 크로스 쇼어(Cross Shore, 사선풍) : 대각선으로 부는 바람. 사이드 쇼어 (side shore) 와 같음.
- 크루 퍼스트 세일링(Clew First Sailing) : 세일의 크루가 진행방향을 향한 세일링.
- 크루(Clew) : 세일의 뒷쪽 모서리로 붐 엔드와 연결되는 부분.

- 크리티컬 섹션(Critical Section) : 파도가 흐트러지기 직전의 위험수역.
- 클로즈 리치(Close Reach) : 클로즈 홀드와 빔 리치의 중간 코스를 달리는 세일링.
- 클로즈 홀드(Close Hauled) : 풍상 쪽을 향해서 세일링 하는 것. 데드존에서 되도록 가까운 곳을 달리는 세일링 포인트.
- 클리어 어스턴(Clear Astern) : 후미정. 뒤에 오는 배.
- 클리어 어헤드(Clear Ahead) : 동일 택에서 오버랩되지 않은 경우의 선두정.
- 클리어(Clear) : 다른 보드의 세일링에 방해가 안 되게 수면을 비워주는 것.
- 클리트(Cleat) : 시트 워크를 사용하지 않고 로프의 끝을 꽂는 밧줄걸이.

[ㅌ]

- 태킹(Tacking) : 보드의 머리 부분을 바람이 불어오는 쪽으로 돌리는 방향 전환법.
- 택(Tack) : 풍상측 으로의 방향전환.
- 테일(Tail) : 선미. 스턴(stern).
- 테일 싱크(Tail Sink) : 스턴(stern) 부분에 두발을 얹어 바우가 수면 위로 치켜 올려 지도록 나아가는 고난이도 기술의 일종.
- 트렌싯(Transit) : 경기에서 스타트 라인상에서 자신의 위치를 판단하는 방법.
- 트림(Trim) : 보드가 수면과 접촉하는 방식. 체중을 어디에다 두느냐에 따라 결정된다. 보드나 세일을 조절하는 것.
- 트위스트(Twist) : 세일의 비트러진 정도.

[ㅍ]

- 파도(Wave) : 큰 물결. 일반적으로 바다에서 발생하는 풍랑이나 너울을 통틀어 이르는 말로 사용됨.
- 파이브 스텝(Five Steps) : 빔 리치에 들어가기 위한 5가지 기본동작.
- 패들(Paddle) : 노.

- 패들링(Paddling) : 보드 위에 엎드려 균형을 잡으면서 손으로 물을 저어 전진하는 것.
- 펀보드(Funboard) : 강풍용으로 제작된 작고 가벼운 보드. 서퍼 보드형 선미를 가짐.
- 펌핑(Pumping) : 리그를 몸 쪽으로 세차게 당겨 양력을 발생시킴으로서 속도를 증가시킴.
- 페일-세이프 포지션(Fail-Safe Position) : 강풍시 주행 안전을 확보하기 위하여 세일 핸드를 놓아 뉴트럴포지션으로 이동하는 자세.
- 포트 택(Port Tack) : 보드 머리부분을 향해서 보드의 좌측(포트에 바람을 받아 세일링 하는것).
- 포트(Port) : 왼 쪽을 뜻하는 말로 포트 택(port tack)에서 왼손은 마스트 핸드가 됨.
- 풋 배튼(Foot Batten) : 세일의 풋 모양을 갖추는 배튼.
- 풋 스트랩(Foot Strap) : 강풍일 때 발을 보드에 고정시키는 데에 사용하는 벨트로 탈부착이 가능함.
- 풋(Foot) : 세일의 아랫부분.
- 풍압중심(Center of Effort : CE) : 세일에 바람의 힘이 집중되는 가상의 중심점.
- 프리스타일(Freestyle) : 보드위에서 재주부리기.
- 플레이닝(Planning) : 보드가 충분한 속력을 얻어 수면에서 떠서 활주하고 있는 상태.
- 플레핑(Flapping) : 세일이 범주불능지역으로 접어들면서 펄럭거리는 상태.
- 피벗 포인트(Pivot Point) : 보드가 회전하는 중심점. 이것은 바람의 세기, 보드 위에 있는 세일러의 위치 등 갖가지 변수와 관련하여 변함.
- 핀(Fin) : 스케그(skeg) 라고도 하며 선미에 부착하여 보드의 직진성을 돕는다.

[ㅎ]

- 하니스 라인(Harness Line) : 붐에 설치한 시트로 여기에 하니스 고리를 건다.

- 하니스(Harness) : 강풍바람이 세게 불 때 붐을 당기기 위해 사용하는 벨트.
- 해장(De-Rigging) : 윈드서핑 장비를 해체하는 것.
- 헤드 딥(Head Dip) : 상반신을 뒤로 힘껏 젖히어 머리를 수면에 닿게 하는 프리스타일 기술의 일종.
- 헤드 업(Head Up) : 바우를 풍상으로 향하게 하는 것.
- 헤드 오프(Head Off) : 바우를 풍하로 향하게 하는 것.
- 헤딩 업(Heading Up) : 풍상쪽으로 방향을 전환하는 것.
- 히치(Hitch) : 두 개의 로프 또는 로프의 끝과 끝을 맺을 때의 매듭.
- 힐(Heel) : 풍하쪽으로 보드가 기우는 것.

■■■ 매 듭 법

매듭법은 우리들의 일상생활이나 직업, 취미 생활 등 사회 여러 분야에서 매우 유용하게 쓰이고 있는데, '낚시(Fishing), 보트(Boating), 등반(Climbing), 스카우트(Scouting), 구조(Rescue), 짜깁기(Splicing), 가정(Household), 장식(Decorative)' 등이 그 주요 활용분야가 된다.

좋은 매듭의 조건으로는 첫째, 매듭에 소모되는 줄의 길이가 짧고 매듭 뭉치가 작은 매듭이 좋다. 둘째, 매듭은 사용 중에 풀리지 않고 사용 후에는 잘 풀려야 한다. 셋째, 강도가 강한 매듭이 좋다. 넷째, 배우기 쉽고 간단한 매듭이 좋다.

1. 스토퍼 노트(Stopper Knot)

매듭짓는 방법으로 오버핸드 노트(Overhand knot)와 피겨오브에잇 노트(Figure of 8 knot, 8자 매듭)가 있다.

1) 오버핸드 노트(Overhand knot)

매듭의 기본으로 여러 가지 맺음법의 기초가 되며 로프의 끝을 맺어 저절로 풀어지지 않게 한다. 다른 매듭을 한 다음 본 매듭이 풀리지 않도록 하는 매듭으로 많이 사용된다. 쉽게 맬 수 있지만 로프의 성질에 따라 조여지면 잘 풀리지 않는다. 감는 횟수를 늘리면 더 큰 뭉치를 만들 수 있다.

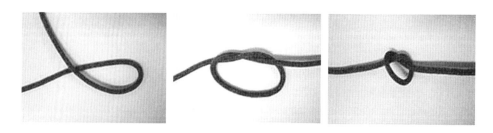

〈그림 1〉 오버핸드 노트(Overhand knot)

2) 피겨오브에잇 노트(Figure of 8 knot, 8자 매듭)

8자 매듭(Figure 8 knot)은 강한 매듭으로 간편하고 빠르게 만들 수 있고 충격 받은 이후에는 쉽게 풀리지 않는 단점이 있다. 8자 매듭은 손이 미끄러지지 않게 할때 사용하며, 등산 및 캠핑에도 많이 쓰인다. 오버핸드 매듭보다 더 큰 뭉치를 만들 수 있다.

〈그림 2〉 피겨오브 에잇 노트(Figure of 8 knot, 8자 매듭)

2. 스퀘어 노트(Square knot)

- 로프 한 가닥의 끝과 끝을 매듭지어 사용한다.
- 가장 많이 쓰이는 매듭법으로 쉽게 묶을 수 있고 강도도 높다.
- 두 줄의 성질에 따라 풀릴 위험이 있기 때문에 주의하여 사용 한다.
- 리프(reef)를 묶는데 사용함으로 리프 노트라 하며 동일한 굵기의 로프를 서로 연결할 때 사용한다.

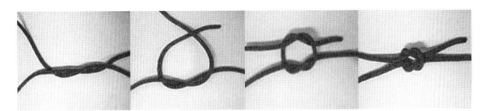

〈그림 3〉 스퀘어 노트(Square knot)

3. 서전트 노트(Sergent knot)

- 리프노트의 꼬인 부분을 한번 더 감아서 연결하는 방법으로 미끄러지기 쉬운 로프는 스퀘어 노트보다 이 방법을 쓰는 것이 좋다.

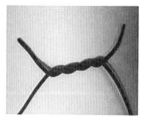

〈그림 4〉 서전트 노트(Sergent knot)

4. 보올라인 노트(Bowline knot)

- 로프의 끝의 고리를 만들어 말뚝에 줄을 고정시킬 때 사용하며 주로 지브 세일에 조종줄을 연결할 때 사용한다.
- 보올라인 매듭(bowline knot)은 안전벨트가 없던 시절 로프를 직접 몸에 묶을 때 사용하던 매듭이다.
- 로프 한쪽 끝을 나무나 고정된 확보물에 직접 묶을 때 사용한다. 마지막에

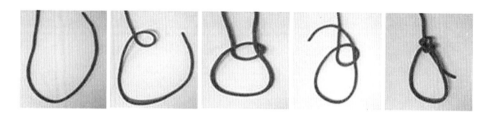

는 꼭 오버핸드 노트(옭 매듭)를 지어준다.
〈그림 5〉 보올라인 노트(Bowline knot)

5. 시트 밴드(Sheet bend) & 더블 시트 밴드(Double Sheet bend)

- 두 로프를 잇는데 아주 좋은 방법이며 굵기가 다른 로프일 경우 굵은 줄에 가는 줄을 감는다.
- 만일, 로프가 빠질 가능성이 있는 경우에는 더블 시트 밴드를 하는 것이 좋다.

〈그림 6〉 시트 밴드(Sheet bend)

〈그림 7〉 더블 시트 밴드(Double Sheet bend)

6. 캐릭 밴드(Carrick bend)

– 로프를 연결할 때 한쪽이 비교적 굵은 경우에 서로 강하게 연결하는 방법
이다.

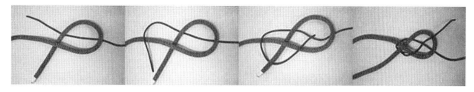

〈그림 8〉 캐릭 밴드(Carrick bend)

7. 하프히치 & 투 하프 히치(half hitches & Two half hitches)

– 옭매듭을 두 번 맺는 매듭으로 말뚝, 횡목, 고리 등에 맬 때 사용 한다.
– 세 번째 사진이 하프히치 이며, 네 번째 사진이 투 하프 히치 이다.
– 하프히치는 로프를 물체에 묶을 때 가장 쉽게 매는 방법이지만, 강도는 매

우 약하다. 하지만 하프히치를 2회 연속해 매면 강도가 훨씬 높아진다.
– 매기도 쉽고 풀기도 쉬우며 헐거워지지 않는다.

〈그림 9〉 투 하프 히치(Two half hitches)

8. 라운드 턴 & 투 하프 히치(Round turn & two half hitches)

– 말뚝, 횡목, 고리등에 두 번 감고 두 번 맺는 매듭으로 맬 때 사용 한다.
– 포스트나 링에 요트를 매는 방법 중 하나이며 투 하프 매듭보다 단단히 묶인다.

〈그림 10〉 라운드 턴 & 투 하푸 히치(Round turn & two half hitches)

9. 클로브 히치(Clove hitch)

– 로프를 감아서 물건에 고정시킬 때 사용하는 방법이다.
– 간단한 구조로 묶거나 풀기가 쉽다.
– 등산, 암벽등반, 요트 등에서 다양하게 쓰인다.
– 연결되는 말뚝이나 링 등에 로프를 순간적으로 빨리 잡아 묶는 방법이다. 인장력이 묶여진 곳에 수직으로 작용하지 않으면 흘러내리기 쉬우므로 보조 로핑(roping)이 필요하며 로프를 여유 있게 남겨야 좋다. 한쪽이 비교적 굵은 경우에 서로 강하게 연결하는 방법이다.

〈그림 11〉 클로브 히치(Clove hitch)

10. 롤링 히치(Rolling hitch)

- 스토퍼가 없을 때 쓰는 매듭법, 롤링히치 매듭법을 익혀두면 스토퍼가 없이도 길이를 조절해서 팽팽히 당길 수 있다.

〈그림 12〉 롤링 히치(Rolling hitch)

양 명 환 (제주대학교 체육학부 교수)

양명환 교수는 제주대학교를 졸업하고 서울대학교 대학원에서 스포츠심리학으로 석·박사학위를 취득하였으며, 현재 제주대학교 체육학부 교수로 재직하고 있다. 스포츠동기 분야를 전공하였으며, 체육통계학, 연구방법론, 레저·레크리에이션론 및 스포츠관광 등을 강의하고 있다. 저서로는 건강과 레저스포츠(공저), 스포츠심리학(공저), 요트(공저), 레저·레크리에이션론이 있으며, 스포츠심리학과 레저스포츠에 대한 160여편의 논문과 학술발표를 하였다. 제주대학교 학생생활관장, 해양스포츠센터장을 역임하였으며, 현재 제주대학교 홍보·출판센터장, 한국코칭능력개발원 부원장, 제주코칭능력개발센터 회장, 한국스포츠심리학회 자문위원, 한국체육교육학회 부회장으로 활동하고 있다.

김 덕 진 (제주대학교 체육학부 교수)

김덕진 교수는 제주대학교를 졸업하고 동 대학원에서 스포츠심리학으로 석·박사학위를 취득하였으며, 현재 제주대학교 체육학부 교수로 재직하고 있다. 스포츠심리학, 체육교육학, 스포츠산업론, 스포츠마케팅 등을 강의하고 있다. 저서로는 요트(공저)가 있으며, 스포츠심리학과 레저스포츠에 대한 30여편의 논문을 발표하였다. 제주대학교 해양스포츠센터 부장, 한국인재육성재단 자문위원 제주특별자치도교육청 학교체육진흥위원회 위원, 한국스포츠심리학회와 한국골프학회 편집위원, 한국코칭능력개발원 상임이사, 제주코칭능력개발센터 부회장으로 활동하고 있다.

윈드서핑

2013년 12월 24일 초판 1쇄 펴냄
2018년 2월 19일 재판 1쇄 펴냄

지은이 양명환 · 김덕진
펴낸이 허향진
펴낸곳 제주대학교출판부

등록 1984년 7월 9일 제주시 제9호
주소 (690-756) 제주특별자치도 제주시 제주대학로 102
전화 064-754-2275
팩스 064-702-0549
http://press.jejunu.ac.kr

제작 하나출판
주소 제주특별자치도 제주시 구산서길 1
전화 064-725-6950

ISBN 978-89-5971-096-6   93690
ⓒ양명환 · 김덕진 2013
정가 13,000원

이 도서의 국립중앙도서관 출판시도서목록(CIP)은 서지정보유통지원시스템홈페이지
(http://seoji.nl.go.kr)와 국가자료공동목록시스템 (http://www.nl.go.kr/kolisnet)
에서 이용하실 수 있습니다.(CIP제어번호: CIP2013028214)